Mme Shelley

Lucy Madox Brun Rossetti

Writat

Cette édition parue en 2024

ISBN : 9789359947334

Publié par
Writat
email : info@writat.com

Contenu

PRÉFACE.

Je dois remercier tous les précédents étudiants de Shelley en tant que poète et homme, parmi lesquels mon mari, notamment, pour leurs recherches aimantes et véridiques sur tous les sujets entourant la vie de Mme Shelley. Chaque aspect a été présenté, et du matériel connu, il ne restait plus qu'à comparer, passer au crible et utiliser avec jugement. Concernant les faits postérieurs à la mort de Shelley, de nombreux documents précieux ont été mis à mon service, et je n'ai fait aucune nouvelle déclaration sans qu'il n'existe de documents pouvant être attestés.

Ce livre était entre les mains des éditeurs avant la parution de *la Vie de Mary Wollstonecraft Shelley de Mme Marshall*, et je n'ai eu ni à omettre, ni à ajouter, ni à modifier quoi que ce soit dans cet ouvrage, en conséquence de la publication du sien. Les passages des lettres de Mme Shelley à M. Trelawny ont été aimablement mis à ma disposition par son gendre et sa fille, le colonel et Mme Call, dès l'été 1888.

Parmi les autorités utilisées figurent *la Vie de Shelley du professeur Dowden, les Mémoires* de MWM Rossetti et d'autres écrits, *Real Shelley de M. Jeaffreson, la Vie de William Godwin de* M. Kegan Paul , *les Mémoires de Mary Wollstonecraft de Godwin, Mary Wollstonecraft Godwin* de Mme Pennell , etc. etc.

Parmi ceux à qui je dois des remerciements particuliers pour les informations originales et l'utilisation des documents, etc., figurent en premier lieu M. H. Buxton Forman, M. Cordy Jeaffreson, Mme Call, M. Alexander Ireland, M. Charles C. . Pilfold, MJH Ingram, Mme Cox et M. Silsbee, et, pour avocat amical, le professeur Dowden ; et je dois particulièrement remercier Lady Shelley de m'avoir transmis le message courtois de son mari et la permission d'utiliser des passages de lettres de Mme Shelley, intercalés dans cette biographie.

LUCY MADOX ROSSETTI.

CHAPITRE I.

ORIGINE.

La fille de Mary Wollstonecraft et de Godwin, l'épouse de Shelley : voici sûrement l'éminence par position, pour ceux qui se soucient du progrès de l'humanité et du développement intellectuel de la race. Nous devons nous demander si cette combinaison a conféré une éminence à la fille et à l'épouse en tant qu'individus. Née à une époque de grands bouleversements sociaux et politiques, fille par héritage de la grande Révolution française, et souffrant dès sa naissance d'une perte certainement dans son cas la plus grande de toutes, celle de sa noblesse. mère d'esprit, nous pouvons imaginer le genre d'éducation que ce jeune a reçu - avec le père philosophe distrait et anxieux, avec la belle-mère respectable mais superficielle d'esprit fournie par Godwin pour garder les jeunes enfants à qui il s'est soudainement retrouvé appelé dont il fallait s'occuper, Mary et deux demi-sœurs à peu près de son âge. Comment les volumes d'écrits philosophiques, trop subtils pour son expérience enfantine, seraient examinés ; comment les écrits de la mère dont elle n'a jamais connu les soins affectueux, dont elle n'a jamais entendu les tristes expériences et les conseils, seraient lus et relus. On peut imaginer combien ces écrits, et les discours qu'elle entendait sans doute fréquemment, enfant, entre son père et ses amis, ont dû imprimer à Marie plus fortement que les préceptes respectables posés d'une manière faible pour sa direction ; comment tout cela la préparait à admirer ce qui était noble et avancé dans ses idées, sans lui donner le lest nécessaire pour agir de la manière la plus appropriée lorsque viendrait le moment de la tentation, lorsque Shelley apparaîtrait. Il apparaît comme un admirateur dévoué de son père et de sa philosophie et, à ce titre, est admis dans l'intimité familiale de trois jeunes filles inexpérimentées.

Imaginez ces quatre jeunes êtres imaginatifs ensemble ; Shelley, à moitié fou entre son imagination juvénile et ses vagues idées de régénération de l'humanité, et prêt à toute incitation à se sentir libéré de son rôle dans la cérémonie du mariage. Quels parents prudents auraient accepté un tel visiteur ? Et faut-il qu'il y ait beaucoup de surprise face aux événements ultérieurs, et beaucoup de discussions sur le bien ou le mal dans cette affaire ? Comment les acteurs de ce drame ont joué leur rôle ultérieur sur la scène de la vie ; Reste à savoir s'ils ont accompli un travail qui les rendait dignes d'être considérés comme des êtres humains.

* * * * *

Comme aucune histoire ni aucune vie ne commence par elle-même, de même, plus particulièrement avec celle de notre héroïne, nous devons nous souvenir du passé et au moins connaître quelque chose de ses parents.

Mary Wollstonecraft, l'une des femmes les plus remarquables et les plus incomprises de son époque, est née en avril 1759, à Londres ou à proximité, de parents dont on sait peu de choses sur les ancêtres. Son père, fils d'un fabricant de Spitalfields, possédait une fortune suffisante pour sa position ; sa mère était de famille irlandaise. Ils eurent six enfants, dont Mary était la deuxième. La misère familiale, dans son cas comme dans beaucoup d'autres, semble avoir été la source de son génie. Son père, un homme colérique et dissipé, incapable de s'installer nulle part ni à quoi que ce soit, se révéla naturellement un tyran domestique. Sa mère semble avoir peu compris le caractère de sa fille et avoir été extrêmement dure, harcelée sans doute par le comportement de son mari, qui usait fréquemment de violence personnelle sur elle ainsi que sur ses enfants ; ceci, sans doute, sous l'influence de la boisson.

Telle étant l'enfance de Mary Wollstonecraft, on peut comprendre comment elle a appris très tôt à ressentir une farouche indignation face à l'injustice et aux torts causés aux femmes, pour qui il y avait peu de protection contre une telle tyrannie domestique. Imaginez-la mettant ses petites sœurs et son frère à l'abri de la colère brutale d'un homme qu'aucune loi ne restreint, et peut-on s'étonner de sa répugnance pour les lois faites par les hommes sur ces sujets ? Il est très rare que les victimes de tels traitements parlent avec éloquence de leurs torts.

Les fréquents déménagements de sa famille laissaient peu de chances de nouer des amitiés à la triste petite Mary ; mais elle ne peut guère avoir été exactement seule avec ses petites sœurs et frères, peut-être qu'une solitude ou un calme un peu plus positif aurait été souhaitable. À mesure qu'elle grandissait, les passions de son père augmentaient, et souvent elle intervenait hardiment pour protéger sa mère de sa colère ivre, ou attendait devant sa chambre que le matin se lève. Ainsi, son enfance passa à l'enfance, ses sens engourdis par la misère, jusqu'à ce qu'elle ait la chance de faire la connaissance de M. et Mme Clare, un ecclésiastique et sa femme, qui furent gentils avec la jeune fille sans amis et la trouvèrent bientôt pour ont de bonnes qualités non développées. Elle passa beaucoup de temps avec eux, et ce furent eux qui lui présentèrent Fanny Blood, dont l'amitié se révéla désormais une des principales influences de sa vie ; c'est ce qui éveilla d'abord ses facultés intellectuelles, et, avec la gratitude d'une belle nature, elle n'oublia plus depuis où elle goûta pour la première fois les délices de la fontaine qui transmue même la misère en source de travail et de poésie.

Ici encore, Mary retrouvait l'histoire d'une maison qui aurait pu être ruinée par un père dissipé, sans le joyeux dévouement de cette fille Fanny, qui entretenait la famille principalement par son travail, la peinture, et élevait ses jeunes enfants, frères et sœurs avec soin. Un exemple brillant et heureux en ce moment pour stimuler Marie et la sortir de la contemplation absorbante et désespérée de ses propres troubles ; elle résolut alors, à seize ans, de travailler pour s'instruire et entreprendre tout ce qui pourrait et lui incomberait pour le séjour de sa famille. S'ensuivirent de nouvelles errances du père agité, et finalement elle décida d'accepter une situation de compagne de dame ; sa dure vie antérieure lui procurait une situation relativement aisée, et, bien que tous les anciens compagnons eussent laissé la dame désespérée, elle resta deux ans avec elle jusqu'à ce que la maladie de sa mère exigeât sa présence à la maison. La dure vie de Mme Wollstonecraft avait brisé sa constitution et, dans la mort, elle obtint son premier repos tant désiré du chagrin et du labeur, conseillant à ses filles la patience. Privées de mère, les filles ne pouvaient plus rester avec leur père ; et Mary, à dix-huit ans, dut de nouveau chercher fortune dans un monde difficile – Fanny Blood étant, comme toujours, sa meilleure amie. Une de ses sœurs devint la gouvernante de son frère ; et Eliza se maria, mais cela n'améliora en rien sa situation, car son mariage se révéla encore un mariage malheureux et ne fit qu'ajouter à la triste observation de Mary sur l'état du mariage. Un peu plus tard, elle dut aider cette sœur à échapper à une vie qui l'avait conduite à la folie. Lorsque la tranquillité d'esprit de sa sœur fut rétablie, elles purent ouvrir ensemble une école à Stoke Newington Green, avec succès pendant un certain temps ; mais l'échec et le découragement s'ensuivirent, et Mary, dont la santé était brisée, accepta une invitation pressante de son amie Fanny, qui avait épousé un M. Skeys, d'aller rester avec elle à Lisbonne et de la soigner pendant son accouchement prochain. Cette triste visite - car pendant son séjour là-bas elle a perdu son ami très aimé - a rompu la monotonie de sa vie, et peut-être que le changement, avec un voyage en mer bénéfique pour sa santé, l'a aidée à mener à nouveau le combat de la vie à son retour. . Mais de nouveaux ennuis l'assaillirent. Un ami lui a suggéré d'essayer la littérature, et une brochure, *Réflexions sur l'éducation des filles* , était sa première tentative. Pour cela, elle reçut dix guinées, avec lesquelles elle put aider ses amis les Blood.

Elle accepta peu après un poste de gouvernante dans la famille de Lord Kingsborough, où elle était très aimée de ses élèves ; mais leur mère, qui ne faisait pas grand-chose elle-même pour gagner leur affection, devenant jalouse de l'ascendant de Marie sur eux, trouva un prétexte pour la renvoyer. Le contact de Mary, dans cette maison, avec les gens du monde ne lui inspirait que du mépris pour leurs petits plaisirs et des discours totalement inintellectuels. Ce milieu, bien qu'elle fût traitée sur un pied d'égalité par la famille, était une privation sévère pour Mary, soucieuse de développer son esprit et pour qui les besoins spirituels étaient toujours au-dessus du physique.

En quittant les Kingsborough, Mary trouva un travail d'un genre plus adapté à son tempérament, puisque M. Johnson, le libraire du cimetière Saint-Paul qui avait pris sa brochure, lui donna désormais un travail régulier en tant que

« lecteur », et aussi en traduisant . Alors commença la partie la plus heureuse de la vie de Mary. Au milieu des livres, elle se forma bientôt un cercle d'amis admiratifs. Elle vivait de la manière la plus simple, dans une pièce presque dépourvue de meubles, à Blackfriars. Ici, elle put s'occuper de ses sœurs et avoir avec elle son jeune frère, qui avait été très négligé ; et dans les intervalles de son travail nécessaire, elle commença à écrire sur les sujets qui lui tenaient le plus à cœur ; car ici, entre autres travaux, elle commença sa célèbre *Vindication des droits de la femme* , œuvre pour laquelle les femmes devraient toujours lui être reconnaissantes, car c'est ainsi qu'a commencé en Angleterre le mouvement qui, progressant au milieu de beaucoup d'opprobre et de dénonciation, a conduit à tant de réformes de la vie sociale qui ont eu lieu et qui devraient conduire à de nombreuses réformes que nous espérons encore. Quand on pense aux absurdités qui ont été dites au Parlement et à l'extérieur du Parlement, même au cours de la dernière décennie, à propos des femmes avancées qui ont travaillé pour améliorer la situation de leurs sœurs moins fortunées, nous pouvons bien comprendre dans quelle lumière Mary Wollstonecraft était considéré par beaucoup de gens qu'elle n'était heureusement pas obligée de considérer. Ses lectures, profondes et constantes, ainsi que sa connaissance de la vie sous différents points de vue, lui permirent de se forger une juste opinion sur nombre des grandes réformes nécessaires, et elle les exposa sans hésitation. Ce qu'elle a fait depuis lors pour l'éducation des femmes, et combien elles ont déjà bénéficié à la fois de son exemple et de ses préceptes, n'est peut-être pas encore suffisamment connu. Son ton religieux est toujours frappant ; c'était l'un des facteurs moteurs de sa vie, comme pour tous les êtres pensant sérieusement, bien que sa forme se soit beaucoup modifiée avec les progrès de son développement intellectuel.

Son projet de *défense des droits de la femme* peut se résumer ainsi :

Elle souhaitait que les femmes aient une éducation égale à celle des hommes, ce qui est désormais largement accordé.

Que les métiers, professions et autres activités devraient être ouverts aux femmes.
Ce souhait est désormais en voie de se réaliser.

Que les femmes mariées devraient posséder leurs propres biens comme dans les autres pays européens. Des lois récentes ont accordé ce droit.

Qu'elles devraient avoir plus de facilités pour divorcer d'avec des maris coupables de conduite immorale. Cela a été partiellement accordé, même s'il reste encore beaucoup à faire.

Qu'en cas de séparation, la garde des enfants doit appartenir également aux deux parents.

Qu'un homme devrait être légalement responsable de ses enfants illégitimes. Qu'il devrait être tenu d'entretenir la femme à qui il a fait du tort.

Mary Wollstonecraft pensait également que les femmes devraient avoir des représentants au Parlement pour défendre leurs intérêts ; mais ses principaux désirs sont en matière d'éducation. Contrairement à Rousseau, elle voudrait que tous les enfants soient élevés ensemble jusqu'à l'âge de neuf ans ; comme Rousseau, elle les faisait se retrouver pour jouer dans une aire de jeux commune. A neuf ans, leurs capacités pourraient être suffisamment développées pour juger quelle branche de l'éducation serait alors souhaitable pour chacun ; les filles et les garçons sont toujours éduqués ensemble, et la capacité est la seule ligne de démarcation.

On voit ainsi que le souhait premier de Marie était de faire des femmes des compagnes responsables et sensées pour les hommes ; les élever des êtres qu'ils ont été faits par l'éducation frivole et à la mode de l'époque ; pour en faire des mères aptes à éduquer ou à superviser l'éducation de leurs enfants, car l'éducation ne se termine ni ne commence par ce qu'elle peut enseigner dans les écoles. Faire d'une femme un être raisonnable, au moyen d'Euclide si nécessaire, ne doit pas nécessairement l'empêcher d'être également une femme charmante, comme le prouvent les descriptions que nous avons de Mary Wollstonecraft elle-même. Sans aucun doute, certains des maux les plus criants de la civilisation ne peuvent être guéris qu'en élevant le statut intellectuel et moral de la femme, et donc en élevant également celui de l'homme, de sorte que celui-ci, la considérant comme une compagne dont l'esprit reflète les beautés de la nature, et qui peut apprécier le grand réflexe de la nature tel qu'il est transmis à travers l'esprit humain dans l'art glorieux du monde, peut réellement être élevé à l'état idéal où le sacrilège de l'amour sera inconnu. Nous savons que ce grand désir a dû traverser l'esprit de Mary Wollstonecraft et la pousser à lancer son appel éloquent en faveur de la « revendication des droits de la femme ».

Grâce aux perspectives améliorées de Mary, car elle vivait heureusement à une époque où les émotions fortes et les réalités de la vie rassemblaient autour d'elle de nombreuses personnes influentes et admiratives, elle put se rendre à Paris en 1792. Personne ne peut douter de son intérêt pour le terrible drame. là, elle fut adoptée, et son courage fut à la hauteur de l'occasion ; mais même ce voyage est évoqué dans un esprit de dénigrement à son égard, et cela en partie à cause de la remarque naïve de Godwin dans son journal, selon laquelle « il n'y a aucune raison de douter que si Fuseli avait été désengagé au moment de leur connaissance, il aurait été l'homme de son choix." Comme le petit *si* est un mot très puissant, cela ne signifie évidemment rien, et il n'appartient guère à un biographe de dire ce qui aurait pu se passer dans d'autres circonstances, et de critiquer un personnage de ce point de vue. Si Mary était attirée par le génie de Füssli, et cela n'aurait pas été surprenant, et si elle allait à Paris pour changer de décor et de pensée, elle n'aurait certainement donné qu'un bon exemple. En réalité, elle s'intéressait amplement aux scènes émouvantes qui l'entouraient, elle avait à cœur de ressentir les malheurs de tous : les misères, si réelles et si terribles soient-elles, du prince ne l'aveuglaient pas à celles du paysan ; la torture froide et calculatrice des siècles ne devait pas être ignorée, parce qu'un peuple fou, ayant conquis pour un temps le droit du pouvoir par la force, a amené en jugement les représentants, même alors vacillants et traîtres, des siècles d'oppression. Son cœur saignait pour tous, mais surtout pour les plus longues souffrances ; et elle fut frappée par terre à la nouvelle de l'exécution des « vingt et un », les braves Girondins. Si une autre femme, encore plus grande qu'elle, n'avait pas été entravée par son sexe et aurait pu exercer de première main le pouvoir qu'elle devait exercer à travers les autres ; et la France n'aurait-elle pas pu être ainsi sauvée de nouveau par une Jeanne d'Arc, non seulement la France, mais la Révolution dans toute sa pureté d'idée, non dans son horreur.

En France aussi, la question des femmes a été évoquée ; Condorcet ayant écrit qu'une des plus grandes étapes du progrès de l'intellect humain serait l'affranchissement des préjugés qui donnerait l'égalité des droits aux deux sexes : et la *Requête des Dames à l'Assemblée Nationale* 1791, fut faite simultanément avec l'apparition de *La justification des droits de la femme* par Mary Wollstonecraft . C'étaient là de fortes raisons d'attirer Marie en France, aussi étrange que soit l'époque d'un tel voyage ; mais même alors, son livre fut traduit et lu en France et en Allemagne. Mary fut donc installée ici pour un temps, les Anglais ayant à peine réalisé l'agitation qui existait. Elle arriva juste avant l'exécution de Louis XVI et put, avec quelques amis, étudier l'esprit du temps et commencer un ouvrage sur le sujet qui, malheureusement, n'atteignit jamais que son premier volume. Son récit, dans une lettre à M. Johnson, montre à quel point elle se sentit profondément dans sa solitude le jour de l'exécution du roi ; comment, pour la première fois de sa vie, la nuit elle n'osait pas éteindre sa bougie. En fait, la faculté de ressentir les autres avec une telle acuité qu'elle trouve le courage de soutenir la réforme ne témoigne pas nécessairement d'un manque de sensibilité de la part de l'individu, comme on semble souvent le supposer, mais bien au contraire. On imagine bien à quel point Marie ressentait le besoin de sympathie et de soutien, séparée comme elle l'était de ses amis et de son pays, désormais en guerre avec la France. Seule à Neuilly, où elle dut chercher refuge à la fois pour des raisons d'économie et de sécurité, sans aucun moyen de retourner en Angleterre et ne pouvant se rendre en Suisse faute de passeport, son argent diminuant, elle parvint néanmoins à poursuivre son œuvre littéraire. ; et ainsi que quelques lettres sur le sujet de la Révolution, elle écrivit à Neuilly tout ce qui fut jamais achevé de sa *Vue historique et morale de la Révolution française* . Son seul domestique à cette époque était un vieux jardinier, qui l'accompagnait dans ses promenades à travers les bois, et plus d'une fois jusqu'à Paris. À une de ces occasions, elle fut si horrifiée par les témoignages d'exécutions récentes qu'elle voyait dans les rues qu'elle commença à dénoncer hardiment les auteurs d'une telle sauvagerie et dut être précipitée pour sauver sa vie par des spectateurs sympathiques. C'est à cette époque de terreur et de dépression intérieure que Mary a rencontré le capitaine Gilbert Imlay, un Américain, chez un ami commun.

C'est alors que commença la complication des raisons et des actes, qui provoqua un chagrin amer chez plus d'une génération. Marie était motivée par la solitude, l'amour et le danger de toutes parts. Il y avait un risque à se proclamer sujet anglais par mariage, si tant est qu'il existait à l'époque la possibilité d'un mariage qui aurait été valable en Angleterre, même si, en tant qu'épouse d'un citoyen américain, elle était en sécurité. Ainsi, à une époque où toutes les lois étaient défiées, elle prit la décision fatale de se fier à l'honneur et à la constance d'Imlay ; et, confiante dans ses propres motivations pures, entra dans une union que ses lettres, pleines d'amour, de tendresse et de fidélité, prouvaient qu'elle considérait comme un mariage sacré ; toutes les circonstances, et surtout la manière pathétique qu'elle lui écrit plus tard à propos de leur enfant, prouvent à quel point elle souhaitait seulement lui rester fidèle. C'est maintenant que les tristes expériences de sa jeunesse l'ont affectée et ont faussé son meilleur jugement ; elle qui avait tant vu les misères de la vie conjugale quand l'amour était mort, regardait ce côté-là, sans considérer la relation sacrée, le bon côté du mariage, qu'elle comprit plus tard, trop tard, hélas !

Ainsi s'est passée cette *année terrible*, et avec elle le bonheur éphémère de Mary avec Imlay, car avant la fin nous la retrouvons en train d'écrire, visiblement attristée par ses absences répétées. Elle le suivit au Havre, où, en avril, leur enfant Fanny naquit, et pendant un moment le bonheur fut rétabli, et Mary vécut confortablement avec lui, son temps pleinement occupé entre le travail et l'amour pour Imlay et leur enfant ; mais ce délai fut court, car en août il fut appelé à Paris pour affaires. Elle le suivit, mais un autre de ses voyages en Angleterre ne fit qu'achever la séparation. Un travail quelconque ayant toujours été sa seule ressource, elle partit pour la Norvège avec Fanny et une femme de chambre, munie d'une lettre d'Imlay, dans laquelle il demandait « à tous les hommes de savoir qu'il nomme Mary Imlay, sa femme, pour s'occuper de toutes ses affaires ». des affaires pour lui. » Ses lettres publiées peu après son retour du Danemark, de Norvège et de Suède, dépourvues de détails personnels, étaient considérées comme démontrant une avancée marquée dans le style littéraire, et par rapport aux modes de voyage lents et aux nombreuses lettres d'introduction aux gens de tous les pays. Dans les villes et villages qu'elle visitait, elle était en mesure d'envoyer chez elle des détails caractéristiques de toutes les classes de personnes. Les parties personnelles des lettres se trouvent parmi ses œuvres posthumes, et celles-ci, avec les lettres écrites après son retour, et alors qu'elle était sans aucun doute convaincue de la bassesse et de l'infidélité d'Imlay, sont des témoignages terribles et pathétiques de sa misère - misère qui l'a poussée à à une tentative de suicide. Cela fut heureusement contrecarré, de sorte qu'elle fut épargnée de rencontrer un peu de bonheur plus tard et de prouver à elle-même et à Godwin, tous deux auparavant sceptiques en la matière, que le mariage légal peut être heureux. Mary, sauvée du désespoir, retourna au travail de restauratrice et refusa toute aide d'Imlay, ne se dégradant pas en recevant une compensation monétaire là où la fidélité manquait. Elle a également subvenu aux besoins de son enfant Fanny, car Imlay a totalement ignoré ses promesses de règlement à son sujet.

À mesure que son œuvre littéraire la remettait en contact avec la société à laquelle elle était habituée, sa santé et son moral se rétablissaient et elle put à nouveau occuper sa place parmi les célébrités de celle-ci. Et voilà que son amitié se renouvelait avec cette autre célébrité, dont la philosophie dépassait son âge et son siècle, et probablement au-delà de quelques siècles à venir. Ses idées avancées sont néanmoins ce que la plupart des gens réfléchis espèrent que la race pourra atteindre lorsque l'humanité aura atteint un statut plus élevé et que l'égoïsme sera moins permis dans les croyances, ou plutôt dans la pratique ; car la ressemblance entre le fondateur d'un credo et ses adeptes n'est que trop apparente.

Ainsi maintenant Mary Wollstonecraft et William Godwin, l'auteur de *Political Justice*, se sont de nouveau rencontrés, et cette fois pas dans des circonstances aussi défavorables qu'en novembre 1790, lorsqu'il dînait en sa compagnie chez M. Johnson, et fut déçu parce qu'il souhaitait entendre la conversation de Thomas Paine, qui était un homme taciturne, et il estimait que Mary accaparait trop la conversation. Maintenant, il en était autrement ; son style littéraire avait grandement gagné l'opinion de Godwin, comme celle des autres, et, comme tous leurs sujets d'intérêt étaient similaires, leur amitié s'est accrue et s'est fondue doucement en amour mutuel, comme le décrit de manière exquise Godwin lui-même dans un livre maintenant peu connu. ; et cet amour, qui se terminait par le mariage, n'eut pas de répit.

Mais nous devons maintenant revenir sur nos pas, car nous avons dans le père de Mary Shelley un autre personnage représentatif de son temps, dont la jeunesse et les antécédents ne doivent pas être ignorés.

William Godwin, septième de treize enfants, est né à Wisbeach, Cambridgeshire, le 3 mars 1756. Ses parents, tous deux issus de familles respectables et aisées, étaient bien connus dans leur pays natal, son arrière-arrière-grand-père ayant fut maire de Newbury en 1706. Le père, John Godwin, devint un ministre dissident et William fut élevé dans toute la rigueur d'une maison de campagne sectaire de cette époque. Sa mère était tout aussi stricte dans ses opinions ; et une cousine, qui devint membre de la famille, une Miss Godwin, puis Mme Sotheran, dont William était un favori particulier, l'apporta en aide à ses fortes tendances calvinistes. Ses premières études ont commencé par un « Récit de la mort pieuse de nombreux enfants pieux » ; et souvent il se sentait prêt à mourir s'il pouvait, avec un égal succès, susciter l'admiration de ses amis et du monde. Sa mère croyait profondément que tous ceux qui différaient de ses propres opinions religieuses endureraient les tourments éternels de l'enfer ; et son père lui reprocha sérieusement sa légèreté lorsque, un dimanche, il lui arriva de prendre le chat dans ses bras en se promenant dans le jardin. Tout cela impressionnait naturellement l'enfant de l'époque, et son principal amusement ou plaisir était de prêcher des sermons dans la cuisine tous les dimanches après-midi, sans se soucier de savoir si le public était dûment attentif ou non. D'une école pour dames, où, à l'âge de huit ans, il avait lu tout l'Ancien et le Nouveau Testament, il passa à celle tenue par un certain M. Akers, célèbre comme écrivain et également moyennement efficace en latin et en mathématiques. . Godwin devint ensuite l'élève de M. Samuel Newton, dont les vues sandémaniennes, surpassant celles de Calvin dans leur holocauste global des âmes, l'impressionnèrent pendant un certain temps, jusqu'à ce que plus tard la pensée lui fasse détester à la fois ces vues et le maître qui les promulguait. En fait, il n'est pas étonnant qu'une personne comme Godwin, se souvenant des règles établies par ceux qu'il aimait et respectait dans son enfance, ait erré loin dans les labyrinthes abstraits du bien et du mal et, souhaitant simplifier ce qui était juste, aurait dû voyager dans son imagination dans un avenir sombre et établir un code au-delà de la portée des mortels actuels. Tant mieux pour lui, peut-être, et pour son code, si cela est encore si loin au-delà qu'il ne soit pas repris et déformé de manière à ce qu'il ne ressemble plus à son intention initiale avant que vienne le moment de son éventuelle application pratique. Pour Godwin lui-même, il était également bien que, dans un environnement précoce peu sympathique, il ait, lorsque le moment était venu de réfléchir, un tempérament philosophique calme, le plus calme et le plus dépassionné, au lieu d'une haute nature poétique ; non que les deux ne puissent pas parfois se chevaucher et se mélanger ; mais avec Godwin, la chute des idées anciennes a conduit à raisonner de nouvelles théories en prose claire ; et même cela, il ne donnerait pas à ce livre une lecture imprudente et sans discernement, mais il le publierait en trois volumes de trois guinées, sachant bien que ceux qui pourraient dépenser cette somme en livres ne sont généralement pas enclins à renverser l'ordre de choses existant. En fait, il pensait que c'étaient les riches qui voulaient prêcher plus que les pauvres.

En dehors des doctrines sectaires, son tuteur, M. Newton, semble avoir donné à Godwin l'avantage de la liberté de sa bibliothèque ; et c'était sans doute pour lui à cette époque une excellente éducation. Après avoir exercé les fonctions d'huissier pendant plus d'un an, dès l'âge de quinze ans, sa mère, à la mort de son père en 1772, souhaita qu'il entre à l'Académie Homerton ; mais les autorités ne l'ont pas admis parce qu'il était soupçonné de sandémanisme. Il a cependant été admis au Hoxton College. Ici, il planifia des tragédies sur Iphigénie et la mort de César, et commença également à étudier l'œuvre de Sandeman dans une bibliothèque, pour découvrir de quoi il était accusé. Cela a probablement causé, plus tard, son horreur pour ces idées, et a également déclenché sa recherche incessante de la vérité.

En 1777, il devint à son tour ministre dissident ; jusqu'à ce que, grâce aux lectures et aux nouvelles connaissances qui élargissaient sans cesse ses vues, sa profession lui devienne peu à peu désagréable, et en 1788, en quittant Beaconsfield, il proposa d'ouvrir une école. Sa *Vie de Lord Chatham* , cependant, a gagné en notoriété et il a été amené à d'autres écrits politiques et s'est ainsi lancé dans une carrière littéraire. Avec ses goûts simples, il réussit non seulement à se maintenir pendant des années jusqu'à devenir célèbre, mais il fut également d'une grande aide pour différents membres de sa famille ; plusieurs d'entre eux ne sortirent pas aussi bien que William de l'épreuve de leur éducation stricte, mais causèrent si peu de satisfaction à leur mère et à leur frère aîné, un fermier qui résidait près de la mère, qu'elle détruisit toute leur correspondance, presque toute celle de William également. , car cela pourrait les concerner. Les lettres de la cousine, Mme Sotheran, montrent cependant que l'écriture de romans de William Godwin était également un point sensible dans sa famille.

Au milieu de son œuvre littéraire et de sa pensée philosophique, il était naturel que Godwin s'associe à d'autres hommes d'opinions avancées. Joseph Fawcet, dont l'éminence littéraire et intellectuelle était très admirée à son époque, fut l'un des premiers à influencer Godwin : ses déclamations contre les affections domestiques devaient bien coïncider avec la justice sans passion de Godwin ; Thomas Holcroft, avec ses idées curieuses sur la mort et la maladie, dont l'ardent républicanisme lui a valu d'être jugé pour sa vie de traître ; George Dyson, dont les capacités et le zèle pour la cause de la littérature et de la vérité promettaient beaucoup de choses qui ne furent malheureusement jamais réalisées : ceux-ci, et plus tard Samuel Taylor Coleridge, furent reconnus par Godwin comme ayant grandement influencé ses idées. Godwin a agi selon ses propres théories du droit en adoptant et en éduquant Thomas Cooper, un cousin germain dont le père est mort ruiné en Inde. Les règles énoncées dans son journal montrent que Godwin s'est efforcé de l'éduquer avec succès, et il a certainement gagné la confiance des jeunes et l'a lancé avec succès dans la profession d'acteur qu'il avait choisie. Godwin semble avoir toujours adhéré à ses principes, et après le succès de sa *Vie de Chatham* , lorsqu'il devint contributeur au *Political Herald* , il attira l'attention du Parti Whig, à la cause duquel il fut si utile que Fox proposa, par l'intermédiaire de Sheridan, pour mettre un fonds de côté pour le rémunérer en tant que rédacteur en chef. Ceci, cependant, n'a pas été accepté par Godwin, qui ne perdrait pas son indépendance en s'attachant à un parti.

Il était naturellement, dans une large mesure, un disciple de Rousseau et un sympathisant des idées de la Révolution française, et était l'un des soi-disant « révolutionnaires français », aux réunions desquels Horne Tooke, Holcroft, Stanhope et d'autres figuré. Il n'a pas non plus négligé de défendre, dans le *Morning Chronicle*, certains d'entre eux lors de leur procès pour haute trahison ; cependant, d'après ses principes connus, il était lui-même en danger ; et sans aucun doute, son exposé clair du véritable cas modifia grandement l'opinion publique et contribua à empêcher un verdict défavorable. Parmi les écrits multiples de Godwin figurent ses romans, dont certains ont connu un grand succès, notamment *Caleb Williams* ; également son esquisse de l'histoire anglaise, a contribué au *registre annuel*. Ses écrits historiques montrent de nombreuses recherches et études de documents anciens. En le comparant avec le travail contemporain de ses amis, comme Coleridge, il devient évident que ses connaissances et son apprentissage ont été utilisés par eux. Mais ces œuvres étaient anonymes ; par sa *justice politique,* il est devenu célèbre. Cet ouvrage est un traité philosophique basé sur l'hypothèse que l'homme, en tant qu'être raisonnant, peut être entièrement guidé par la raison et que, s'il était éduqué de ce point de vue, les lois seraient inutiles. Il faut remarquer ici que Godwin ne pouvait alors prendre en considération les lois de l'hérédité, aujourd'hui mieux comprises ; comment le criminel a non seulement contre lui le poids d'une mauvaise éducation et d'un mauvais environnement, mais aussi comment la formation même de la tête est dans certains cas un mal presque insurmontable. Il considérait que de nombreuses lois relatives à la propriété, au mariage, etc., étaient inutiles, car les gens guidés par la raison ne souhaiteraient pas, par exemple, s'enrichir aux dépens de leurs frères affamés. Aussi lointaine que puisse paraître la réalisation de cette doctrine, il ne faut pas oublier que, comme pour toute découverte physique, l'homme de génie doit prévoir. Comme Christophe Colomb imaginait la terre où il avait trouvé l'Amérique ; comme une planète est fixée par l'astronome avant que le télescope ne l'ait révélée à son œil mortel ; ainsi, dans le monde de la psychologie et de la morale, il est nécessaire d'indiquer le but à atteindre avant que la nature humaine n'atteigne ces qualifications divines qui ne sont que l'ombre ici et là de natures plus élevées que d'habitude. En fait, Godwin, qui sympathisait entièrement avec les théories de la Révolution française et dépassait même les idées françaises sur la plupart des sujets, désapprouvait la mise en œuvre immédiate de ces idées et vues ; il souhaitait prêcher et raisonner jusqu'à ce que les gens soient progressivement convaincus de la vérité, et que les riches soient aussi disposés à donner que les pauvres à recevoir. Même en matière de mariage, bien qu'il s'y soit fortement opposé personnellement (pour des raisons philosophiques et non à cause des raisonnements banals et ordinaires contre lui), il a cédé son opinion en faveur de la revendication d'une justice individuelle envers la femme qu'il en est venu à aimer d'une affection éternelle. , et pour qui, heureusement pour ses théories, il n'avait pas besoin de laisser de côté l'élan de l'affection pour celui de la justice ; et ces remarques nous ramènent à la période heureuse de la vie de Godwin et Mary Wollstonecraft, lorsque l'amitié se fondit en amour et qu'ils se marièrent peu de temps après, en mars 1797, dans la vieille église Saint-Pancras de Londres.

Ce nouveau changement dans sa vie n'a pas plus gêné l'énergie nécessaire au travail avec Mary Wollstonecraft qu'avec Godwin. Ils ont pris la décision singulière, bien que dans leur cas probablement avantageuse, de continuer à avoir chacun un lieu de résidence séparé, afin que chacun puisse travailler sans interruption, même si, comme l'a souligné un étudiant sérieux de leur caractère, ils ont probablement perdu plus de temps. dans leur échange constant de notes sur tous les sujets, qu'ils n'auraient perdu en quelques conversations. D'un autre côté, comme leurs pensées méritaient d'être enregistrées, nous bénéficions de leur plan. Les courtes notes échangées entre Mary et Godwin, jusqu'à trois ou quatre par jour, ainsi que les lettres d'une longueur considérable écrites au cours d'une tournée que Godwin effectua dans les comtés du Midland avec son ami Basil Montague, montrent à quel point leur relation était profonde et simple. L'affection était qu'il n'était pas nécessaire de cacher le nuage qui passait, qu'ils détestaient et souhaitaient également simplifier les détails domestiques. Il y eut, par exemple, une sorte de légère dispute quant à savoir qui devait diriger un plombier, à laquelle Mary semble avoir été quelque peu blessée que cela lui ait été imposé, comme donnant une idée de son infériorité. Ceci, avec les tendres plaisanteries sur la philosophie glaciale de Godwin et les références au petit « William » qu'ils attendaient tous deux avec impatience, tout cela témoigne du tendre dévouement du mari et de la femme, dont la relation était de nature à perdurer malgré la mauvaise ou la bonne fortune. . La petite Fanny n'était évidemment qu'un plaisir supplémentaire pour les deux, et la pensée de Godwin à distance et son choix de la plus jolie tasse chez Wedgewood avec « des fleurs vertes et orange fauve » témoignent de l'instinct paternel de Godwin. Mais hélas! cette amitié conjugale aimante ne dura pas longtemps, car arriva le jour, le 30 août 1797, tant attendu ; et l'état d'espoir de la situation est montré dans trois petites lettres écrites par Mary à son mari, car elle souhaitait que l'absence lui épargne l'anxiété. Et là est née une petite fille, pas celle de William dont on parle si bizarrement ; mais la Marie dont nous devons essayer de réaliser la vie future. C'est déjà maintenant que surgissent ses premiers ennuis, car quelques heures après la naissance de l'enfant, des symptômes dangereux apparurent chez la mère ; dix jours d'angoisse effroyable s'ensuivirent, et ni tous les soins des surveillants intelligents, ni l'attente constante du service des fidèles amis intimes du mari, ni l'habileté des premiers médecins ne purent sauver la vie qui était condamnée : le destin devait imposer sa volonté implacable. . Son travail consiste à aider de nombreuses femmes en difficulté, tout en donnant l'espoir d'une plus grande justice à suivre ; peut-être qu'à un moment important, elle a trompé son propre enfant. Ainsi les mystères des rouages du Destin et les mystères de la mort se joignirent à ceux d'une vie nouvelle.

CHAPITRE II.

ENFANCE DE MARIE — TROUBLES PATERNAUX.

Et maintenant, avec le début de cette petite vie fragile, commencent les angoisses et le chagrin du pauvre Godwin. Les lignes blanches tracées dans son journal du dimanche 10 septembre 1797 montrent plus que des mots à quel point son chagrin était inexprimable. Pendant l'agonie patiente de sa femme, il avait réussi à lui demander si elle avait des souhaits concernant Fanny et Mary. Elle put heureusement répondre que sa foi en sa sagesse était entière.

Le jour même de la mort de sa femme, Godwin lui-même écrivit quelques lettres qu'il jugeait nécessaires, et il ne négligea pas non plus d'écrire avec sa propre simplicité à quelqu'un qui, selon lui, avait offensé sa femme. Ses amis, M. Basil Montague et M. Marshall, ont organisé les funérailles, et Mme Reveley, qui avait avec elle les enfants avant la mort de la mère, a continué ses soins jusqu'à leur retour chez le père le 17. Mme Fenwick, qui s'occupait constamment de Mary, s'occupa ensuite d'eux pendant un certain temps. En effet, la renommée et le caractère de Marie ont attiré de nombreuses personnes disposées à prendre soin de l'enfant sans mère, dont la vie n'a été sauvée d'une maladie dangereuse que grâce à ce zèle aimant. Entre autres, M. et Mme Nicholson se sont présentés avec des offres d'aide, et dès le 18 septembre nous constatons que Godwin avait demandé à M. Nicholson de donner un avis sur la physionomie de l'enfant, en vue de son éducation, ce qu'il (avec Trelawny plus tard) ne pouvait pas commencer trop tôt, ou comme ce dernier le disait : "Parlons d'une éducation commençant à deux ans ! Deux mois, c'est trop tard."

Ainsi, nous voyons Godwin essayer consciencieusement de faire appel à une science imparfaite pour l'aider dans la tâche difficile de développer l'esprit de son enfant, à la place de l'amour vigilant d'une mère intelligente, qui contrôlerait les premiers symptômes de mauvaise humeur, serait ferme contre une détermination mal placée, encouragent l'imagination enfantine et ne laissent pas l'idée du mensonge être présentée à l'enfant jusqu'à ce qu'il soit assez vieux pour faire son propre discernement. Une tâche assez difficile pour n'importe quel père, encore plus difficile pour Godwin, en proie à toutes sortes de difficultés et devant travailler au milieu d'elles pour sa subsistance quotidienne et celle de ses deux enfants. Des amis, et de bons amis, il en avait certainement ; mais la plupart des gens reconnaîtront que la force dans ces domaines ne réside pas dans le nombre. La nourrice dont avait besoin la petite Mary, bien que ce soit sans doute une nécessité essentielle de l'époque, n'ajouterait rien au confort domestique, en particulier à celui de Miss Louisa Jones, une amie d'Harriet Godwin, qui avait été installée pour surveiller la maison de Godwin. Ce dernier arrangement, encore une fois, n'a pas contribué au confort de Godwin, car d'après les lettres de Miss Jones, il est évident qu'elle souhaitait l'épouser. Son souhait n'étant pas rendu, elle ne resta pas longtemps habitante de sa maison, et la nourrice, qui était heureusement dévouée au bébé, était alors négligée de temps en temps par Mme Reveley et d'autres dames.

Il y a peu d'anecdotes sur l'enfance et la petite enfance de Marie, mais les environs nous permettent d'imaginer l'enfant. Son père, à cette époque, semble avoir négligé toute son œuvre littéraire, à l'exception de celle de l'amour : il écrivit les « Mémoires » de sa femme et lisait ses œuvres publiées et inédites. Dans cette entreprise, il fut grandement aidé par M. Skeys. Ses sœurs, au contraire, lui apportèrent le moins d'aide possible, et mirent fin à toute communication avec Godwin dans cette période difficile de sa vie, et pendant longtemps négligeèrent complètement les petits enfants de leur pauvre sœur, alors qu'elles auraient pu rembourser dans une certaine mesure le prix qu'elles avaient payé. dette de gratitude qu'ils lui avaient envers elle.

Toutes ces circonstances compliquées et discordantes ont dû suggérer à Godwin qu'un autre mariage pourrait être le meilleur moyen, et il s'est donc mis au travail de manière systématique cette fois pour atteindre son but. La passion n'était pas le motif, et il y avait probablement trop de système, car il échoua à deux reprises. La première était avec Miss Harriet Lee, auteur de plusieurs romans et des *Contes de Canterbury* . Godwin semble avoir été très frappé par elle et, après quatre entretiens à Bath, il lui écrivit à son retour à Londres une lettre d'invitation très caractéristique et pressante à rester dans sa maison si elle venait à Londres, expliquant qu'il y avait un dame (Miss Jones) qui surveillait sa maison. Cette lettre n'ayant reçu aucune réponse, il essaya trois lettres supplémentaires, dont des ébauches existaient toutes. La troisième fut sans doute trop réfléchie, car Miss Lee la rendit annotée en marge, exprimant sa désapprobation quant à son caractère égoïste. Godwin, cependant, ne se laissa pas intimider et fit une quatrième tentative, pleine de nombreuses raisons sensées et surannées, qui ne plairaient pas toutes à une dame ; mais il réussit à regagner l'amitié de Miss Lee, bien qu'il ne parvînt pas à la persuader de devenir sa femme. C'était d'avril à août 1798.

À peu près à la même époque, il y avait un projet selon lequel Godwin et Thomas Wedgewood gardaient la maison ensemble ; mais comme ils semblent avoir été très différents lorsqu'ils étaient ensemble, le plan fut sagement abandonné. Les notes de Godwin dans son plan de travail pour l'année 1798 sont intéressantes, car elles montrent à quel point il était soucieux de modifier certaines de ses opinions exprimées dans *Justice politique* , en particulier celles portant sur les affections, dont il admet maintenant qu'elles doivent naturellement jouer un rôle important dans la vie humaine. action, bien qu'il réaffirme son opinion selon laquelle aucune de ses conclusions antérieures n'est affectée par ces aveux. De nombreux autres travaux furent planifiés pendant cette période et de nombreuses nouvelles connaissances intellectuelles nouées, Wordsworth et Southey entre autres. Les lettres de sa mère à Godwin montrent à quel point sa famille pesait constamment sur ses maigres moyens et à quel point il s'efforçait toujours noblement de les aider en cas de besoin. Ces lettres sont pleines de bon sens et, bien que curieusement analphabètes, elles ne sont peut-être pas si mauvaises pour l'époque à laquelle elles ont été écrites, où de nombreuses dames qui avaient de plus grands avantages sociaux et monétaires s'égaraient néanmoins fréquemment dans ces domaines.

Le roman de Godwin sur *Saint-Léon*, publié en 1799, était une autre tentative de donner aux affections domestiques la place qui leur revient dans son plan de vie ; et la description de Marguerite, tirée de Mary Wollstonecraft, et celle de sa vie conjugale avec Saint-Léon, sont de beaux passages illustrant les moments heureux de mariage de Godwin.

En juillet 1799, la mort de M. Reveley suggéra une nouvelle tentative de mariage avec Godwin ; mais maintenant il était probablement trop prompt, car, sachant que M. Reveley et sa femme n'avaient pas toujours été dans les meilleurs termes, même si sa mort soudaine l'avait rendue presque folle, Godwin, s'appuyant sur certaines expressions antérieures d'affection pour lui-même en Mme Reveley, a proposé dans le mois qui a suivi la mort de son mari, et l'a suppliée de mettre de côté les préjugés et les cérémonies lâches et d'être à lui. Comme dans le cas précédent, une deuxième et une troisième longue lettre, pleine de raisonnements subtils, furent inefficaces et ne provoquèrent même une entrevue que le 3 décembre, lorsque Godwin et Mme Reveley se rencontrèrent, en compagnie de M. Gisborne. Avec ce gentleman, Mme Reveley fut ensuite mariée. Nous les reverrons tous les deux plus tard.

Pendant tout ce temps, il y a peu de mentions, quoique affectueuses, de Mary Godwin dans le journal de son père. La petite Fanny, qui avait toujours été une préférée, accompagnait Godwin lors de certaines de ses visites à des amis.

De nombreuses lettres de Godwin à cette époque montrent qu'il n'était pas trop gêné de pouvoir aider ses amis en cas de besoin ; vingt livres envoyées à son ami Arnot, dix livres peu après par l'intermédiaire de Mme Agnes Hall à une dame en grande détresse, dont le nom est inconnu, prouvent qu'il était prêt à mettre en pratique ses théories. Il est intéressant d'observer ces fréquents gestes de générosité, car ils expliquent dans une certaine mesure ses difficultés ultérieures. Au milieu des difficultés et des déceptions, Godwin réussit à faire bien s'occuper de ses enfants, et il y avait évidemment une sympathie et une confiance touchantes entre lui et eux, comme le montrent les lettres de Godwin à son ami Marshall lors d'une rare absence des enfants occasionnée par une visite à des amis en Irlande. Sa pensée, sa sollicitude sincère et ses messages, ainsi que son anxiété évidente d'être à nouveau avec eux, sont tous également touchants ; Fanny ayant autant de baisers lui envoyait que Marie, avec cette justice parfaite qui est si bénéfique au caractère des enfants. Nous pouvons maintenant imaginer Mary, à peine trois ans, et la petite Fanny emmenées attendre le retour de la voiture avec leur père, et assises sous les arbres de Kentish Town dans une joyeuse attente.

Mais cette période d'enfance heureuse ne devait pas durer longtemps ; car sans aucun doute Godwin se sentait ennuyeux de devoir examiner si le linge de maison était en ordre, et d'autres détails similaires, et était donc prêt, en 1801, à accepter les avances démonstratives de Mme Clairmont, une veuve qui s'installa ensuite porte à lui dans le Polygone, Somers Town. Elle a eu deux enfants, un garçon et une fille, cette dernière un peu plus jeune que Mary. La veuve n'avait pas besoin d'être présentée ni admise dans sa maison, car depuis le balcon, elle pouvait commencer une campagne de flatterie à laquelle Godwin succomba bientôt. Le mariage eut lieu en décembre 1801, à l'église de Shoreditch, et ne fut porté à la connaissance des amis de Godwin qu'après sa célébration. De toute évidence, Mme Clairmont a fait de son mieux pour aider Godwin à surmonter les difficultés pécuniaires de sa carrière. Ce n'était pas une femme ignorante, et son travail de traduction prouve qu'elle n'était pas dépourvue d'une certaine habileté ; mais cela rendait probablement plus évidente la vulgarité naturelle de son caractère. Par exemple, lorsqu'elle parlait d'élever ses enfants pour qu'ils accomplissent le travail pour lequel ils étaient aptes, elle a découvert que sa propre fille Jane était apte à accomplir des tâches, tandis que les petites Mary et Fanny étaient transformées en corvées ménagères. Ces distinctions engendreraient naturellement une antipathie à son égard, qui contribuerait plus tard à éloigner Marie de la maison de son père ; mais parfois nous apercevons les petits se rendant heureux, à la manière d'un enfant, au milieu des difficultés et des déceptions de la part de Godwin. À une occasion, Mary et Jane s'étaient cachées sous un canapé pour entendre Coleridge réciter *The Ancient Mariner*. Mme Godwin, indifférente au plaisir qu'ils auraient à écouter de la poésie, trouva les petits et les bannit au lit ; lorsque Coleridge, avec bonté, ou avec l'amour toujours répandu chez les poètes, envers un public, aussi humble soit-il, intercéda pour les petites choses qui pouvaient s'asseoir sous un canapé, et ainsi ils restèrent debout et entendirent le poète lire son poème. Cette friandise n'a jamais été oubliée par la suite, et on ne peut surestimer de tels plaisirs à former le caractère d'un enfant. Ce n'étaient pas non plus les seuls plaisirs intellectuels auxquels les enfants partageaient, car Charles Lamb était parmi les nombreux amis de Godwin à cette époque et un visiteur fréquent chez lui ; et nous pouvons encore entendre en imagination les rires joyeux des enfants, vieux et jeunes, qu'il rassemblait autour de lui et qui s'égayaient de son amusement toujours prêt. Une plaisanterie dont on se souvient depuis longtemps raconte qu'un soir, lors d'un dîner chez Godwin, Lamb entra le premier dans la pièce, saisit un gigot de mouton, souffla la bougie, plaça le mouton dans la main de Martin Burney et, lorsque la bougie fut rallumée, s'exclama : , "Oh, Martin ! Martin ! Je n'aurais jamais dû penser cela à toi."

Ceci et d'autres fantaisies semblables (comme lorsque Lamb emportait une petite burette sur la table, obligeant Mme Godwin à effectuer une longue recherche, puis revenait tranquillement le lendemain et la replaçait comme si c'était la chose la plus naturelle pour lui). une burette pour se frayer un chemin dans une poche), briserait la monotonie des journées des enfants. C'était infiniment plus vivant que la routine de certaines grandes maisons, où de pauvres petits enfants sont fréquemment enfermés dans une arrière-salle au troisième étage et abandonnés pendant de longues heures à la tendre merci de quelque nourrice, dont ils deviennent les petits esclaves ou les tyrans. selon leur nature. Et quand on se souvient qu'à cette époque le Polygone touchait champs et ruelles, on sait que la petite Marie devait goûter à l'un des délices les plus prisés des enfants, cueillir des renoncules et des marguerites, sans être inquiétée par un jardinier. Mais durant cet âge heureux, où l'enfant aurait probablement infiniment plus de plaisir à laver une tasse et une soucoupe qu'à jouer de la balance, si supérieure que soit cette dernière performance, Godwin vit divers projets et espoirs frustrés. Sa santé était parfois très précaire, avec des évanouissements fréquents, provoquant une grave anxiété pour l'avenir. En 1803, son fils William naquit, devenant le cinquième membre de sa famille diversifiée. Parfois, le caractère de Mme Godwin semble avoir été très éprouvé ou éprouvant, et à une occasion, elle a exprimé le souhait d'une séparation ; mais l'idée semble avoir été abandonnée lorsque Godwin écrivit une de ses lettres très calmes et raisonnables, disant qu'il n'avait aucun obstacle à s'y opposer, et que, si cela devait avoir lieu, il espérait qu'il ne tarderait pas à le réaliser. ; il a certainement ajouté que la séparation serait pour lui une grande misère. Ou bien cette raison a apaisé Mme Godwin, ou bien l'apparente facilité avec laquelle elle aurait pu réaliser son projet la faisait hésiter, car nous n'en entendons plus parler. Godwin, cependant, eut l'occasion d'écrire des lettres philosophiquement explicatives sur son caractère, dont nous devons espérer, pour le bien des enfants, qu'elles produisirent un effet satisfaisant ; car rien ne peut sûrement être plus préjudiciable au bonheur des enfants que d'être témoin du caractère ingérable de leurs aînés ; mais avec le caractère calme de Godwin, les querelles devaient être à sens unique et, par conséquent, moins dommageables.

Godwin a supervisé lui-même l'éducation de ses enfants et a écrit de nombreux livres à cet effet, qui feront plus tard partie de sa bibliothèque pour mineurs. Les fables de « Baldwin » et ses histoires pour enfants ont été publiées par Godwin sous ce nom, en raison de ses opinions politiques ayant prévenu de nombreuses personnes contre son nom. Son objectif principal semble avoir été de maintenir une certaine élévation morale devant l'esprit des enfants, comme dans l'excellente préface de l' *Histoire de Rome* , où il s'attarde sur le fait que les histoires de Mucius, Curtius et Regulus sont contestées ; mais il considère que les histoires - si elles n'existent plus - transmises des grandes périodes de l'histoire romaine sont d'une valeur inestimable pour stimuler le caractère des enfants à des sentiments et à des actions nobles. Mais dans le cas de Godwin, comme dans bien d'autres, cela a dû être une tâche difficile de contrecarrer l'effet de l'exemple ; car nous ne pouvons pas imaginer que l'influence d'une femme qui ait pu agir comme Mme Godwin l'a fait au début de sa vie conjugale ait été ennoblissante ; qui, lorsqu'un des amis de son mari, dont elle ne se souciait pas, appela chez Godwin, lui expliqua que c'était impossible, car la bouilloire venait de tomber de la plaque de cuisson et lui brûlait les deux jambes. Lorsque le même ami rencontra Godwin le lendemain dans la rue et fut surpris de son prompt rétablissement, le philosophe répondit que ce n'était qu'une invention de sa femme. Dans de tels cas, la protection réside souvent dans l' appréhension rapide des enfants eux-mêmes, qui sont souvent sauvés des erreurs de leurs aînés par leur perception des conséquences. Malheureusement, l'influence de Mme Godwin a dû être diminuée dans d'autres domaines où son sens des convenances, ne serait-ce que d'un point de vue conventionnel et respectueux du temps, aurait pu éviter les conséquences fatales qui en ont résulté. Si elle avait gagné l'amour et le respect des enfants au lieu de les amener, comme Marie l'exprima plus tard, à la haïr, ses préceptes moraux auraient eu plus d'effet. Il a peut-être semblé aux filles, qui ne pouvaient pas apprécier le dévouement de Godwin à agir contre les théories au nom de la justice individuelle, que la cause de tout leur malheur (et sans doute parfois elles le ressentaient avec acuité) était due à leur leur père n'ayant pas adhéré à ses opinions anti-matrimoniale antérieures, ils étaient donc prêts à faire fi de ce qui leur semblait être des préjugés sociaux.

Entre-temps, Godwin luttait pour subvenir aux besoins de sa nombreuse famille, sans nécessairement perdre son enthousiasme à cause de son besoin d'argent, comme on pourrait le supposer, car, heureusement, il y a de grandes compensations dans la nature, et il n'est pas rare que ce qui semble être fait pour de l'argent soit fait vraiment par amour de ceux que l'argent soulagera ; et ainsi, par cette nécessité, l'amour et l'angoisse mêmes de l'âme sont transfusés dans l'œuvre. D'un autre côté, nous voyons souvent, une fois passé le premier enthousiasme de la jeunesse, comment le côté poétique de la nature d'un homme se détériore, et comment le monde et son œuvre perdent à cause de l'aisance et du confort mêmes auxquels il a atteint, de sorte que le La véritable dégradation de l'homme ou l'abaissement de sa nature vient plus de la richesse que de la pauvreté : ainsi, ce que l'on appelle des circonstances dégradantes, sont en réalité tout le contraire - un fait fortement ressenti par

Shelley et par d'autres natures semblables qui sentent que leur aisance est de être partagé. Nous trouvons Godwin travaillant à sa tâche de Chaucer, avec amour, quotidiennement au British Museum, et correspondant avec le conservateur des archives du bureau de l'Échiquier et du chapitre de Westminster, du Herald College et du bibliothécaire de la bibliothèque Bodleian ; écrivant également de nombreuses lettres encore existantes sur le sujet. La somme de trois cents livres versée à Godwin pour ce travail était considérée par lui comme très petite, même si cela ne semble guère l'être aujourd'hui.

Godwin trouva occasionnellement les moyens et le temps de visiter le pays, comme en septembre 1803, lorsqu'il rendit visite à sa mère et lui présenta sa femme, ainsi qu'à ses vieux amis de Norwich ; et pendant le séjour de Mme Godwin et de certains des enfants à Southend, une station balnéaire préférée à juste titre de Mme Godwin, et plus tard de Mme Shelley (pour la douce campagne et les belles ruelles de l'Essex, même depuis trente ou quarante ans). il y a quelques années, en a fait un lieu de villégiature apprécié des artistes) Godwin a supervisé la rédaction des lettres de ses enfants. Nous constatons également, par leurs lettres pendant leur absence, qu'ils étudiaient l'histoire et assistaient à des conférences avec lui ; de sorte que, selon toute probabilité, l'esprit de sa fille Mary était en réalité plus cultivé et plus ouvert à recevoir des impressions dans l'au-delà que si elle avait suivi une éducation « finale » dans une école à la mode. Ce n'est pas une simple phrase selon laquelle connaître certaines personnes est une éducation libérale ; et si seulement elle était épargnée de commettre certaines des bêtises d'écolière dans la manière de dessiner, ce serait un gain pour son intellect, car quoi de plus abaissant pour l'intelligence de la perception que les frivolités totalement inartistiques qui sont censées inculquer l'art. dans un pays dont le sens avait été pratiquement éradiqué dans l'Angleterre puritaine, même si quelques grands artistes étaient heureusement réapparus ! Mary a au moins appris à aimer la littérature et la poésie et, grâce à son amour de la lecture, un univers de richesse s'est ouvert à elle - ce n'est sûrement pas un début facile. En matière d'art, si elle s'était montrée disposée à le faire, son père aurait sans aucun doute pu obtenir certains des meilleurs conseils de son époque, car nous voyons que Mulready et Linnell étaient suffisamment intimes pour passer une journée à Hampstead avec les enfants et Mme Godwin pendant L'absence de Godwin à Norfolk en 1808 ; en fait, Charles Clairmont, comme le montre son récit écrit à son beau-père, suivait à cette époque des leçons de Linnell. Peut-être que Mme Godwin n'avait pas découvert le même don chez Mary.

A cette même date, nous avons la dernière des lettres de la vieille Mme Godwin à son fils. Elle parle du prix effrayant de la nourriture à cause de la guerre, dit qu'elle est fatiguée et qu'elle souhaite seulement être avec le Christ.

Godwin passa alors quelques jours avec elle, et l'année suivante nous le retrouvons à ses funérailles, puisqu'elle décède le 13 août 1809. Sa lettre à sa femme à cette occasion est très touchante, par la profondeur de ses sentiments. Il pleure la perte d'une supérieure qui exerçait sur lui une mystérieuse protection, de sorte qu'à sa mort, il se sent pour la première fois seul.

Une autre rupture avec les anciennes associations s'était produite cette année avec la mort de Thomas Holcroft qui, malgré des différences occasionnelles, avait toujours bien connu et aimé Godwin, et dont les derniers mots en mourant et en lui serrant les mains furent : « Mon cher, cher ami. " Godwin, cependant, n'approuvait pas du tout Hazlitt, qui faisait ressortir la vie de Holcroft, utilisant tous ses mémorandums et lettres privés sur ses amis, et écrivit des lettres d'exposés à Mme Holcroft à ce sujet. Il considérait que c'était une complicité avec la pire passion de la malignité de l'humanité.

Il ne semble pas y avoir beaucoup de documents sur la famille Godwin conservés au cours des deux ou trois années suivantes. Mary était intime avec les Baxter. C'était M. Baxter que Mme Godwin essayait de rebuter par l'histoire des jambes échaudées de Godwin. On retrouve également Mary à Ramsgate avec Mme Godwin et son frère William, en mai 1811, alors qu'elle avait près de quatorze ans. Comme Mary et Mme Godwin n'étaient manifestement pas aptes à vivre ensemble, ces visites, bien que souhaitables pour sa santé, n'étaient probablement pas des moments tout à fait agréables pour l'une ou l'autre, à en juger par les remarques contenues dans les lettres de Godwin à sa femme. Il espère que, malgré des apparences défavorables, Marie deviendra encore une femme sage et, qui plus est, bonne et heureuse ; ceci, évidemment, en réponse à une plainte de sa femme. Au cours de ces années, Godwin fit de nombreuses nouvelles connaissances ; mais comme ils ont eu peu ou pas d'influence apparente sur la carrière ultérieure de Mary, nous pouvons les passer de côté et remarquer immédiatement les premières communications qui ont eu lieu entre Godwin et un autre personnage, de loin la plus grande dans ce drame de la vie, même la plus grande dans le drame du monde. , pour la première fois dans cette histoire, nous rencontrons le nom de Shelley, avec les mots dans le journal de Godwin : « Écrivez à Shelley ». Ayant trouvé un nom si important pour tous ceux qui sont concernés dans cette vie, nous devons encore une fois retracer le passé.

CHAPITRE III.

SHELLEY.

Shelley, un nom cher à tant de personnes maintenant, qui sont soit attirées par ses paroles, qui ouvrent une fontaine de sympathie insoupçonnée à de nombreux cœurs silencieux et autrement solitaires, soit qui sont envoûtées par son grand et des énoncés poétiques éloquents de ce à quoi la race humaine peut aspirer. Un être de cette nature transcendante semble généralement être davantage le résultat de son âge, d'une époque, l'expression de la nature, que le descendant direct de sa propre famille. Ainsi, dans le cas de Shelley, il apparaît peu de relations intellectuelles immédiates entre lui et ses ancêtres, qui semblent avoir été presque inconnus pendant près de deux siècles avant sa naissance, à l'exception des registres de leurs baptêmes, décès et mariages.

Avant 1623, un chaînon manquait jusqu'ici dans la généalogie familiale, chaînon que les soins scrupuleux de M. Jeaffreson ont mis en lumière, et que sa courtoisie met au service de l'écrivain. Cela relie la famille du poète aux Michel Grove Shelley, un fait jusqu'ici seulement supposé. Le document est le suivant : -

CAS SHELLEY ET RAPPORT DE COKE, 896.

25 1er et 2 septembre Philippe et Marie. Entre Edward Shelley de Worminghurst, dans le comté de Sussex, Esqre., d'une part, et le Rd. Cowper et Wm. Martin de l'autre partie.

90a. Covt. subir un rétablissement pour assurer la sécurité de Findon Manor, etc.

90b. À l'usage de lui ledit Edward Shelley et des héritiers mâles de son corps légalement engendrés, et faute d'une telle descendance.

À l'usage des héritiers mâles du corps de John Shelley, Esqre., autrefois de Michael Grove, décédé, père dudit Edward Shelley, etc.

Il sera évident pour tous les lecteurs de cet important document que la dernière clause nous ramène sans aucun doute des Shelley de Worminghurst aux Shelley de Michel Grove, établissant un différend passé sur la relation entre père et fils.

L'arrière-grand-père du poète, Timothy, décédé vingt-deux ans avant la naissance de Shelley, semble être sorti des sentiers battus en émigrant vers l'Amérique et en exerçant le métier d'apothicaire ou, comme le dit le capitaine Medwin, de « charlatan », probablement quitter l'Angleterre très jeune; il n'a peut-être pas trouvé de moyens de se qualifier en Amérique, et nous pouvons au moins espérer qu'il fera moins de mal avec les simples herbes utilisées par les non-qualifiés qu'avec le traitement des hémorragies en vogue avant le début du système brunonien. Quoi qu'il en soit, il a gagné de l'argent pour contribuer à la fortune de sa famille. Son fils cadet, Bysshe, qui ajouta à la richesse familiale en épousant successivement deux héritières, obtint également le titre de baronnet en adhérant au parti Whig et au duc de Norfolk. Il semble avoir gagné en excentricité avec l'âge et être devenu extrêmement pauvre. Il n'était évidemment pas considéré comme un partenaire souhaitable pour aucune de ses femmes, car il devait s'enfuir avec elles deux ; et son mariage avec la première, Miss Michell, la grand-mère du poète, aurait été célébré par le pasteur de la flotte. Cela a eu lieu l'année précédant que ces mariages ne soient rendus illégaux. Ces faits sur les ancêtres de Shelley, bien qu'apparemment insignifiants, sont intéressants car ils prouvent que ses prédécesseurs n'étaient pas tout à fait conventionnels et rendent moins étrange l'anomalie de la venue d'un tel poète, car le génie s'allie souvent à l'excentricité.

Le fils de Bysshe, Timothy, semble s'être davantage conformé aux opinions ordinaires que son père, et il épousa, alors qu'il avait près de quarante ans, Elizabeth Pilfold, réputée d'une grande beauté. Le premier enfant de ce mariage, né le 4 août 1792, fut le poète Percy Bysshe Shelley, né dans l'aisance et le confort d'une maison de campagne anglaise, mais avec les imaginations étranges qui, dans l'enfance, pouvaient peupler le terrain et les environs de d'anciens serpents et de fées de toutes formes, et qui plus tard le mèneront loin des sentiers battus. Les petites sœurs de Shelley étaient les confidentes de son enfance, et leur sympathie devait alors compenser le manque de sympathie chez ses parents. Certains de leurs jeux enfantins lors de processions diaboliques, créant leur propre petit enfer en brûlant un tas de fagots, etc., montrent combien tôt son esprit scrutateur dispersait les terreurs, tandis qu'il se complaisait dans les images pittoresques ou fantastiques de la superstition. Peu de personnes se rendent compte à quel point des enfants très imaginatifs peuvent être rapidement influencés par les superstitions qu'ils entendent autour d'eux, et assurément le cerveau de Shelley ne s'est jamais remis de certaines de ces premières influences : l'esprit qui pourrait si rapidement raisonner et former des déductions serait naturellement de cet esprit sensible. et susceptible qui porterait les cicatrices d'une mauvaise éducation. La mère de Shelley ne semble pas avoir eu tant de bon sens que ce qu'on appelle généralement le bon sens, et elle était donc incapable de comprendre une nature comme celle de son fils ; et il pensait plus à rapporter à la maison un gibier bien rempli (chose qui répugnait en tous points aux goûts de Shelley) qu'à essayer de comprendre ce qu'il pensait ; Shelley dut donc passer toute son enfance, ses sœurs étant ses principales compagnes, car il n'eut pas de frère avant l'âge de treize ans. À l'âge de dix ans, il est allé à l'école à la Sion House Academy, puis à Eton, avant d'avoir douze ans. Dans ces deux écoles, à peu d'exceptions près, il était solitaire, n'ayant pas grand-chose en commun avec les autres garçons, et par conséquent il se trouvait la cible de leur ingéniosité tourmentante. Il entreprit un plan de résistance au système du pédé et ne céda jamais ; cela semble avoir déplu aux maîtres autant qu'aux garçons. A Eton, il forma l'un de ses attachements romantiques pour un jeune de son âge. Il semble maintenant, comme toujours après, avoir ressenti le désir d'une sympathie parfaite chez un être humain ; Comme une idole ne correspondait pas à l'idéal qu'il s'était lui-même formé, il en cherchait une autre. Ce n'était pas le genre de nature à se laisser entraîner par l'intimidation et la flagellation, même si la sympathie et la raison ne le trouveraient jamais insensible. Sa nature sans ressentiment se manifestait dans la manière dont il aidait les garçons qui le tourmentaient avec leurs leçons ; car, même s'il semblait étudier peu de manière régulière, l'apprentissage lui venait naturellement.

Il ne faut cependant pas supposer que Shelley était tout à fait solitaire, car les archives de certains de ses anciens camarades de classe prouvent le contraire ; il n'était pas non plus opposé à la société lorsqu'elle était conforme à ses goûts ; mais il a toujours détesté les propos grossiers et les plaisanteries. La nature lui a toujours été chère ; les promenades autour d'Eton étaient sa principale récréation, et nous pouvons très bien concevoir ce qu'il ressentirait dans le charmant et paisible cimetière de Stoke Pogis, où il lirait sans aucun doute l'Élégie de Gray. Ces sentiments ne seraient pas sympathisés par la moyenne des écoliers ; mais, d'un autre côté, on ne voit pas pourquoi Shelley aurait dû changer de personnage, car l'embryon de poète ne se soucierait pas non plus nécessairement de tous ses goûts. En bref, l'éducation dans une école publique de cette époque devait être d'une grande cruauté pour un garçon aussi sensible que Shelley.

Un grand plaisir de Shelley à Eton était de rendre visite au Dr Lind, qui l'aidait en chimie et dont la gentillesse pendant une maladie semble avoir fait une impression durable sur la jeunesse ; mais généralement ceux qui avaient eu autorité sur lui n'avaient fait qu'élever un esprit de révolte. Un grand gain pour le monde a été l'amour passionné de la justice et de la liberté que cela a suscité en lui, comme le montrent les strophes de *La Révolte de l'Islam* :

J'ai pensé à de grandes actions, cher ami, lorsque les nuages qui enveloppent ce monde depuis la jeunesse sont passés pour la première fois.

Il ne fait aucun doute que ces vers sont véritablement autobiographiques ; ils indiquent une première détermination à faire la guerre à la tyrannie. Le fait même de sa grande facilité à acquérir des connaissances a dû lui être un inconvénient à l'école où son temps libre était, faute de meilleur matériel, fréquemment consacré à lire tous les romans insensés qu'il pouvait trouver dans le livre voisin. magasins. Ses propres premiers romans montraient l'influence de cette mauvaise littérature. Bien entendu, à l'époque comme aujourd'hui, les beaux-arts étaient un livre scellé pour le jeune étudiant. Il est difficile d'imaginer ce qu'aurait pu être Shelley sous différentes influences précoces, et si, par hasard, le gain pour lui-même n'aurait pas été une perte pour le monde. Heureusement, l'amour de Shelley pour l'imagination a enfin trouvé un champ de poésie pour lui-même et un avenir idéal pour le monde au lieu de se tourner vers le ruffianisme, haut ou bas, qu'induit si souvent la négligence du débouché légitime de l'imagination. Combien cette vérité morale semble peu prise en compte dans un pays comme le nôtre, où l'art est tout à fait négligé dans le système de gouvernement, et où les propriétaires héréditaires de richesses thésaurisées se contentent, en règle générale, des toiles acquises par quelque ancêtre sur une terre. grand tour à une époque où l'Angleterre puritaine avait déjà effacé toute perception ; de sorte que souvent quelques *chefs-d'œuvre* et de nombreux barbouillages sont accrochés ensemble sans discernement, donnant le même plaisir ou le même dégoût pour l'art. Il est pertinent de s'y attarder car cela montre l'absence de cette influence sur Shelley et son environnement. D'une tournée en Italie effectuée par le propre père de Shelley, la principale acquisition aurait été une très mauvaise image du Vésuve.

Il devient difficile de se rendre compte à l'heure actuelle, alors que la flagellation est à peine autorisée dans les écoles, quelles ont dû être les souffrances d'un garçon comme Shelley ; envoyé à l'école par son père avec l'avertissement à son maître de ne pas épargner la verge, et où les maîtres ont laissé le garçon, qui était sans aucun doute différent de ses compagnons, à un traitement d'un genre dont au moins un cas de mort a résulté tout récemment. à notre époque. De tels procédés qui auraient pu faire de Shelley un tyran ou un esclave ne réussirent qu'à en faire un rebelle ; son esprit curieux n'était pas facile à satisfaire, et devait certainement être une difficulté sur son chemin avec un maître conservateur ; déjà, à Eton, on le retrouve stylisé Mad Shelley et Shelley l'Athée.

En 1810, Shelley partit pour l'University College d'Oxford, après des vacances agréables avec sa famille, au cours desquelles il trouva le temps de faire une expérience de paternité, son père autorisant un papetier à imprimer pour lui. Si seulement, au lieu de cela, son père avait vérifié pendant un certain temps ces productions immatures de la plume de Shelley, le jeune aurait pu éviter le bannissement d'Oxford et de la maison de son propre père, ainsi que tout le malheur et la tragédie qui en ont résulté. Shelley a également trouvé le temps de vivre un premier amour avec sa cousine, Harriet Grove. Cela aussi a apparemment détruit les malheureuses imprimeries. Il y a une certaine discussion quant à savoir s'il a laissé Eton en disgrâce, mais de toute façon, l'affaire a dû être une affaire mineure, car personne ne semble en avoir gardé aucune trace ; et si l'un des maîtres avait recommandé de retirer Shelley d'un environnement aussi peu convivial, cela aurait sûrement été un conseil très judicieux.

Oxford était, à bien des égards, du goût de Shelley. La liberté de la vie étudiante lui convenait, car il pouvait suivre les études qui lui plaisaient le plus.

Les conférences professionnelles en vogue, sur la divinité, la géométrie et l'histoire, ne lui plaisaient pas le plus - l'histoire en particulier lui semblait toujours un terrible récit de misère et de crime - mais dans ses propres appartements, il pouvait étudier la poésie, la philosophie naturelle. , et la métaphysique. Le résultat de ces études, la pensée spéculative avancée, ne devait cependant pas être toléré dans l'enceinte de l'Université et, malheureusement pour Shelley, ses sujets de conversation favoris étaient tabous, sans l'existence d'un ami léger et amusant, Thomas Jefferson Hogg, un gentleman dont Shelley fit la connaissance peu de temps après son installation à Oxford à l'époque de la Saint-Michel en 1810. Cette amitié, comme tout ce que Shelley entreprit, était destinée à durer « pour toujours » et, comme d'habitude, Shelley impulsivement pour Il fut un temps où sa propre personnalité s'inscrivait dans l'idée qu'il se faisait du caractère de son ami, au point de préparer le terrain à de futures déceptions.

Hogg était résolument intellectuel, mais avec une forte tendance conservatrice, ce qui le rendait très satisfait de l'état actuel des choses tant qu'il pouvait prendre la vie facilement et s'amuser. Son intellect, cependant, était suffisamment clair pour lui faire comprendre que c'est le poète qui relève la vie de l'apathie qui assaille même les plus mondains et les plus satisfaits, de sorte qu'il a pu à son tour aimer Shelley de l'amour qui est je n'ai pas peur du rire, sans lequel aucune amitié, a-t-on dit, ne peut être authentique. Nombreuses sont les histoires charmantes qui donnent une présence vivante à Shelley à Oxford, préservées par cet ami ; ici nous le rencontrons prenant un enfant des bras de sa mère alors qu'il traversait le pont avec Hogg, et l'interrogeant sur son existence antérieure, que l'enfant n'avait sûrement pas eu le temps d'oublier s'il voulait seulement parler - mais hélas, la mère a déclaré elle ne l'avait jamais entendu parler, ni aucun autre enfant de son âge ; voici aussi le charmant incident du manteau déchiré, et l'extase de Shelley à l'idée qu'il ait été bien dessiné. Ces anecdotes amusantes et d'autres encore montrent le côté authentique et impédant du caractère de Shelley, la personnalité délicieusement naturelle et aimable qui est toujours alliée au génie. Au plaisir et à l'humour se mêlaient de longues lectures et des discussions sur les sujets les plus sérieux et les plus solennels. Platon lui faisait naturellement un grand plaisir ; il avait une antipathie prononcée envers Euclide et le raisonnement mathématique, et était par conséquent incapable de poursuivre des recherches scientifiques sur un système ; mais son amour de la chimie et sa faculté imaginative le portaient à souhaiter par anticipation que les forces de la nature soient utilisées pour le travail humain, etc. Les pouvoirs de lecture et de lecture de Shelley étaient énormes. Il se trouvait rarement sans une édition de poche d'un de ses grands auteurs favoris, dont il lisait les œuvres avec autant d'aisance que les langues modernes.

Ce temps délicieux d'étude et de détente ne pouvait pas durer. La nature de Shelley était poussée en avant aussi irrésistiblement que le torrent de montagne, et comme avec lui tous les obstacles durent céder. Il ne pouvait se contenter de lectures et de discussions avec Hogg sur des questions théologiques et morales et, étant empêché de débattre sur ces sujets à l'université, il sentit qu'il devait faire appel à un public plus large, le public, et par conséquent il fit ressortir, avec le connaissance de Hogg, une brochure intitulée *La nécessité de l'athéisme* . Cet ouvrage fut effectivement mis en circulation pendant une vingtaine de minutes, lorsqu'il fut découvert par un des membres du Collège, qui convainquit immédiatement les libraires de la nécessité d'un *autodafé* , et tous les pamphlets furent aussitôt relégués au fond. feu de cuisine; mais l'affaire ne s'arrêta pas là. L'écriture de Shelley a été reconnue sur certaines lettres envoyées avec des copies de l'ouvrage, et par conséquent lui et Hogg ont été convoqués avant une réunion dans la salle commune du Collège. Shelley, puis Hogg, ont d'abord refusé de répondre aux questions et ont refusé de renier toute connaissance de l'œuvre, après quoi tous deux ont été sommairement expulsés d'Oxford. Shelley se plaignait amèrement de la manière peu distinguée dont ils étaient traités, et les autorités, avec la même raison, du défi rebelle des étudiants ; Pourtant, une fois de plus, nous devons regretter que personne d'autre que Hogg n'ait réalisé le génie latent de Shelley, que personne n'ait senti que la patience et la sympathie ne seraient pas gaspillées sur un jeune homme libéré de tous les vices et frivolités de l'univers. temps et lieu, dont le crime était un esprit curieux et une imprudence dans la publication de ses opinions. Assurément, les dangers qui pourraient assaillir un jeune homme ainsi jeté au monde et aliéné de sa famille par cette disgrâce auraient pu recevoir plus de considération. Cela semble assez clair maintenant, alors que les idées de Shelley ont été vantées même en chaire et hors de la chaire.

Ainsi maintenant, nous trouvons Shelley expulsé d'Oxford et arrivé à Londres en mars 1811, alors qu'il n'avait que dix-huit ans, seul avec Hogg pour mener la bataille de la vie, sans expérience préalable du malheur pour lester ses sentiments, mais avec un cerveau surchargé d'idées mystérieusement imprégnées des malheurs des autres et du monde – un âge dangereux et un ensemble de conditions pour qu'un jeune soit abandonné à ses propres ressources. L'admission dans la maison de son père ne devait être accordée qu'à la condition qu'il renonçait à la société de Hogg ; cette condition, imposée au moment où Shelley se considérait redevable à Hogg à vie pour la manière dont il l'avait soutenu dans l'épreuve d'Oxford, fut refusée. Shelley cherchait un logement sans résultat, jusqu'à ce qu'un papier peint représentant une vigne en treillis le décide apparemment. Avec vingt livres empruntées à son imprimeur pour quitter Oxford, Shelley est désormais installé à Londres, sans l'aide de son père, un petit cadeau d'argent envoyé par sa mère lui étant restitué, car il n'a pas pu accéder aux souhaits qu'elle a exprimés à la même occasion. . À partir de cette époque, la marche des événements ou du destin est aussi implacable que dans un drame grec, car déjà la femme dans le besoin était apparue en la personne d'Harriet Westbrook, une camarade de classe de ses sœurs à leur école de Clapham. Au mois de janvier précédent, Shelley avait fait sa connaissance en lui rendant visite chez son père, avec une présentation et un cadeau d'une de ses sœurs. Il ne semble y avoir aucune raison de douter que Shelley était alors très attiré par la belle jeune fille, bien qu'il fût à l'époque irrité par sa rupture avec Harriet Grove ; mais Shakespeare nous a montré qu'une telle période n'est pas exempt de la puissance des traits d'amour.

Cette visite de Shelley a été suivie par la présentation à Harriet Westbrook d'une copie de son nouveau roman, *St. Irvyne*, qui a conduit à une certaine correspondance. C'était maintenant au tour d'Harriet de rendre visite à Shelley, envoyée également par ses sœurs avec des cadeaux de leur argent de poche. Shelley a en outre visité l'école à différentes occasions et a même fait la leçon à la maîtresse d'école sur son système de discipline. Il ne fait aucun doute que la sœur aînée d'Harriet, avec ou sans la connaissance de leur père, hôtelier à la retraite, a contribué à faire des rencontres entre les deux ; mais Shelley, bien que jeune et poète, n'était pas un enfant, et devait savoir à quoi pouvaient mener ces dîners, ces visites et ces excursions ; et bien que la correspondance et la conversation aient pu porter plus directement sur des questions théologiques et philosophiques, il semble peu probable qu'il aurait discuté ainsi avec une jeune fille s'il n'avait ressenti un intérêt particulier pour elle ; en outre, Shelley n'avait pas besoin de ressentir une grande différence sociale entre lui et une jeune femme élevée et éduquée sur un pied d'égalité avec ses propres sœurs. Il est vrai que sa famille agissait et l'encourageait d'une manière incompatible avec les idées démodées de la noblesse, mais Shelley était trop encline à se rebeller contre tout ce qui était conventionnel pour être particulièrement sensible sur ce point.

En mai, Shelley fut autorisé à retourner dans la maison de son père, grâce à la médiation de son oncle, le capitaine Pilfold, et désormais une allocation de deux cents par an lui fut versée. Mais il y avait eu un travail accompli au cours des deux mois qu'aucun rapprochement ou indemnité ultérieur ne pouvait défaire ; car tandis que Shelley était déterminé à faire du prosélytisme auprès d'Harriet Westbrook, non moins pour le bien de ses sœurs que pour le sien, Harriet, à la manière d'une écolière, encouragée par sa sœur et non découragée par son père, tombait amoureuse de Shelley. Comment le père et la sœur *bourgeois pouvaient* -ils comprendre un personnage tel que celui de Shelley, alors que ses propres parents et toutes les autorités du Collège ne l'ont pas fait ? Si Shelley n'était pas amoureux, il devait le paraître, et la famille d'Harriet a fait de son mieux en encourageant et en favorisant l'intimité menant à un mariage, ayant naturellement plus à cœur les intérêts d'Harriet que ceux de Shelley.

Cependant, il n'en demeure pas moins que Shelley était un être des plus extraordinaires, un embryon de poète, avec toutes les incohérences possibles d'un poète, l'éclat même de l'étincelle intellectuelle dans un sens l'étouffant apparemment pour un temps dans un autre. Dans la plupart des pays et des époques, un poète semble avoir été accepté comme un cadeau envoyé du ciel à sa nation ; ses crimes mêmes (et Shelley n'a sûrement pas surpassé le roi David en méfaits ?) ont été les *lacrymæ rerum* qui ont donné une terrible vitalité à ses pensées, et en ont ainsi récupéré bien d'autres avant qu'un acte fatal ne soit commis ; mais en Angleterre, la convention consistant au moins à faire valoir des vertus qui n'existent pas (peut-être un triste héritage du puritanisme) ne permettra pas au poète d'être accepté pour ce qu'il est réellement, ni à sa poésie de séduire, par elle-même. au cœur humain. Il doit être analysé et vilipendé, ou blanchi à la chaux.

En tout cas, Shelley était supérieur à certains des vices respectables de sa classe, et une prétendue concession de son père lui était heureusement répugnante, à savoir qu'il (Sir Timothy) s'occuperait d'autant d'enfants illégitimes que Percy choisirait d'en avoir. , mais il ne tolérerait pas une *mésalliance* . À quelle révolte d'idées un tel code de moralité a dû conduire dans un cerveau en fermentation comme celui de Shelley ! Les mères devaient-elles également bénéficier de soins et être davantage considérées par la respectable famille de Shelley que par son épouse légitime ? Nous n'avons pas peur.

Une visite au Pays de Galles suivit, au cours de laquelle l'esprit de Shelley était dans un état si abstrait que le beau paysage, vu pour la première fois, avait peu de pouvoir pour l'émouvoir, tandis qu'Harriet Westbrook, avec sa sœur et son père, n'était qu'à trente milles de là. Aberystwith; une retraite précipitée et inexpliquée de ce groupe à Londres hâta également le retour de Shelley. Le père a probablement commencé à s'apercevoir que Shelley ne s'était pas manifestée comme il l'avait prévu et il a donc souhaité éloigner Harriet de son voisinage. Des lettres d'Harriet à Shelley suivirent, pleines de misère et de découragement, se plaignant de la décision de son père de la renvoyer à l'école, où elle était évitée par les autres filles, et qualifiée de « misérable abandonnée » pour avoir sympathisé ou correspondu avec Shelley ; elle a même envisagé le suicide. Il est curieux que cette idée semble lui être revenue constamment, comme dans le cas de quelques autres qui ont finalement commis l'acte.

Shelley a écrit, exposant avec le père. Cela n'a probablement fait que l'exaspérer davantage. Il a persisté. Harriet s'adressa de nouveau à Shelley avec désespoir, lui disant qu'elle se mettrait sous sa protection et volerait avec lui ; une situation difficile pour tout jeune homme, et pour Shelley des plus perplexes, avec son hostilité avouée au mariage et ses récentes affirmations selon lesquelles il n'était pas amoureux d'Harriet. Mais il faut mettre à l'honneur de Shelley que, ayant intentionnellement ou non amené Harriet à l'aimer, il agisse maintenant comme un gentleman envers l'amie d'école de sa sœur et, influencé dans une certaine mesure par les arguments de Hogg dans une autre affaire en faveur du mariage. , il résolut aussitôt d'en faire sa femme. Il écrivit à son cousin, Charles Grove, pour lui annoncer son intention et son arrivée imminente à Londres, disant que comme son propre bonheur était complètement gâché, il ne pouvait plus vivre que pour gagner celui des autres et qu'il épouserait par conséquent Harriet Westbrook.

À son arrivée à Londres, Shelley trouva Harriet malade et très changée. Il passa quelque temps en ville, pendant lequel le moral d'Harriet revint ; mais Shelley, comme il le décrit dans une lettre à Hogg, éprouvait beaucoup d'embarras et de mélancolie. N'envisageant pas un mariage immédiat, il se rendit dans le Sussex pour rendre visite à Field Place et à son oncle à Cuckfield. C'est là qu'il renoua avec Miss Kitchener, une maîtresse d'école aux idées avancées, qui avait la garde des enfants du capitaine Pilfold. Nous devons à cette connaissance un grand nombre de lettres qui jettent beaucoup de lumière sur le caractère *exalté* de Shelley à cette époque, et qui offrent une lecture des plus amusantes. Comme d'habitude avec Shelley, il a mis une grande partie de sa propre personnalité dans ses idées de Miss Hitchener, qui devait être son « amie éternelle et inaliénable », et l'aider à former le caractère de sa charmante épouse sur le modèle du sien. Tous ces détails sont donnés dans les lettres de Shelley à ses amis, Charles Grove, Hogg et Miss Hitchener ; envers ce dernier, il se montre très explicatif et apologétique, mais seulement après coup.

Shelley était à peine loin de Londres depuis une semaine lorsqu'il reçut une lettre d'Harriet, se plaignant de nouvelles persécutions et le rappelant. Il revint aussitôt, comme il s'était engagé à le faire si nécessaire, et résolut alors que la seule chose à faire était de se marier immédiatement. Il se rendit donc directement chez son cousin Charles Grove, et avec vingt-cinq livres empruntées à son parent M. Medwin, avocat à Horsham, il entra dans l'un des jours les plus importants de sa vie, le 24 ou le 25 août 1811. Après passant la nuit avec son cousin, il attendait à la porte du café de Mount Street, guettant une silhouette de jeune fille qui tournait au coin de Chapel Street. Il y a eu un certain retard ; mais ce qui allait arriver ne pouvait être évité, et bientôt Harriet, fraîche comme un bouton de rose, apparut. L'autocar fut appelé et les deux cousins et la jeune fille de seize ans se rendirent dans une auberge de la ville pour attendre le courrier d'Édimbourg. Cela a amené les deux hommes un peu plus loin sur la route fatale, et le 28 août, leur mariage écossais est enregistré à Édimbourg. Les arrangements de mariage étaient des plus étranges, Shelley devant expliquer sa situation et son manque d'argent au propriétaire de quelques belles chambres qu'il avait trouvées. Heureusement, le propriétaire s'est engagé à fournir ce qui était nécessaire, et ils se sentaient tranquilles dans l'attente de l'allocation d'argent de Shelley ; mais cela n'est jamais arrivé, car le père de Shelley était de nouveau irrité par son comportement et a choisi ce moyen facile de le montrer.

L'épouse de Shelley avait reçu l'éducation la plus contradictoire possible pour une jeune fille de nature ordinaire et sans imagination : l'éducation superficielle conventionnelle d'une école de l'époque suivie par des entretiens avec Shelley, qui dépassaient sans doute bien son entendement. Quelle pourrait être l'issue d'un tel mariage ? Si Shelley, en effet, avait été un personnage différent, tout aurait pu se passer sans problème, marié comme il l'était à une belle fille qui l'aimait ; mais à l'heure actuelle, toutes les idées de Shelley n'étaient pas pratiques. Sans le travail moral du travail pour dédramatiser ses opinions, d'où venait le lest quand s'ensuivait la déception – déception qu'il se préparait constamment par son idée trop enthousiaste de ses amis ? Des troubles suivirent bientôt le mariage, car l'argent n'arrivait pas ; et après cinq semaines à Édimbourg, où Hogg avait rejoint les Shelley, suivi d'un peu plus d'une semaine à York, le besoin devint si pressant que Shelley se sentit obligé de faire un voyage précipité chez son oncle à Cuckfield, afin d'essayer d'apaiser sa situation. son père; en cela, il n'a pas réussi. Bien qu'absent un peu plus d'une semaine, il prépara le terrain par son absence et en laissant Harriet sous la garde de Hogg, à une série de complications et de malentendus qui ne finirent que lorsque la mort eut absous tous les concernés. La sœur d'Harriet, Eliza, devait rentrer à York avec Shelley ; mais apprenant que sa sœur se trouvait seule avec Hogg dans les environs, elle se précipita seule à York, et à partir de ce moment elle prit un ascendant sur le petit *ménage* qui, bien que probablement utile pour des bagatelles, eut sans aucun doute un mauvais effet à la longue. Eliza, à juste titre de son point de vue, pensait qu'il était nécessaire de se placer entre Hogg et sa sœur. Il semble bien plus probable que les instincts de gentleman de Hogg l'auraient amené à traiter la femme de son ami avec respect que qu'il aurait dû réellement donner lieu aux graves soupçons dont Shelley parle dans des lettres ultérieures à Miss Hitchener. Eliza n'aurait-elle pas été encline à exagérer l'attention portée par Hogg à sa sœur, et n'aurait-elle pas persuadé Harriet d'aller dans le même sens ? Harriet n'a encore rien vu du monde, et l'expérience d'Eliza avant que son père ne se retire de sa taverne n'a pas été celle dans laquelle dames et messieurs se trouvent sur un pied d'égalité. Il est vrai que Shelley parle d'une entrevue avec Hogg avant de quitter York, dans laquelle il décrit Hogg comme étant très confus et affligé ; mais peut-être faudrait-il tenir compte de la tournure fantaisiste de l'esprit de Shelley. Quoi qu'il en soit, ils quittèrent York pour Keswick, où ils se réjouirent du magnifique paysage. A cette époque, nous voyons dans les lettres adressées à Miss Hitchener comment Shelley ressentait la nécessité d'une sympathie intellectuelle et comment il semblait considérer cet ami d'une manière ou d'une autre comme nécessaire à la réalisation de diverses idées spéculatives et sociales. Ici, à Chestnut Cottage, des romans ont été commencés et de nombreux travaux planifiés, laissés inachevés ou perdus. À Keswick, il fit la connaissance de Southey et écrivit sa première lettre à William Godwin, dont les œuvres avaient déjà eu une grande influence sur lui et dont il recherchait maintenant la connaissance personnelle. La lettre souvent citée par laquelle Shelley s'est présenté à Godwin a été suivie par d'autres et a conduit à l'intimité ultérieure qui a eu des résultats si importants.

Shelley, sa femme et sa belle-sœur ont rendu visite au duc de Norfolk à Greystoke ; cela a conduit à une quasi-réconciliation avec le père de Shelley, grâce à laquelle l'allocation de deux cents par an a été renouvelée, le père d'Harriet lui accordant une allocation similaire, présume-t-il, parce qu'il se sentait flatté par l'accueil de sa fille par la duchesse. Peu de temps après, un tournant agité dans le trio fit envisager une nouvelle démarche, et maintenant Shelley se lança dans ce qui devait paraître l'une de ses imaginations les plus étranges : une visite en Irlande pour réaliser l'émancipation des catholiques et obtenir l'abrogation de l'Acte d'Union. . Hogg fait semblant de croire que Shelley ne comprenait même pas le sens de ces phrases, et très probablement de nombreux Anglais n'auraient pas voulu le faire. En tout cas, l'enthousiasme de Shelley pour un peuple opprimé doit être admiré, et il est remarquable que notre plus grand homme d'État actuel soit parvenu à se rallier à Shelley après quatre-vingts années de vie et d'efforts contradictoires.

Le plan adopté par Shelley causa un amusement infini à Harriet, qui entra avec animation dans le plaisir de distribuer les brochures de son mari sur les affaires irlandaises, et ne comprit pas bien son sérieux sur le sujet. Les pamphlets et les discours qu'il prononçait n'étaient pas de nature à concilier les différents partis irlandais. Les catholiques ne devaient pas être attirés par un athée ou un antichrétien, aussi tolérant qu'il puisse être à leur égard et à l'égard de toutes les religions qui tendent au bien. Lord Fingal et ses partisans n'étaient pas enclins à suivre l'ardent républicain et professeur d'humanitarisme ; et le parti extrême n'était pas non plus susceptible de se contenter d'appels, si éloquents soient-ils, à la poursuite et à la pratique de la vertu avant qu'un quelconque changement politique ne soit attendu. L'explication de Shelley sur l'échec de la Révolution française par le fait que, bien qu'elle ait été initiée par des gens d'une grande intelligence, l'aspect moral de l'intellect avait fait défaut, n'était pas ce que les nationalistes irlandais voulaient alors prendre en considération. En fait, Shelley n'avait pas beaucoup réfléchi au caractère des gens qu'il allait aider et réformer, s'il pensait qu'une semaine de ces discussions pourraient avoir beaucoup d'effet. Shelley fut très recherché par les pauvres Irlandais, pendant un autre mois de son séjour à Dublin, en raison de sa générosité. Ici aussi, ils rencontrèrent Mme Nugent. La correspondance d'Harriet avec elle a été récemment publiée. Avec les opinions qu'elle exprime, celles de l'auteur présent coïncident en ce qu'elles ne rejettent pas tout le blâme de la séparation future sur Shelley ; Harriet sent naturellement que Mary est la plus en faute et ne perçoit pas ses propres erreurs. N'ayant pas atteint son objectif et découragé par la détresse de tous côtés qu'il ne pouvait soulager, et plus particulièrement à cause des vives remontrances de Godwin, qui considérait que s'il y avait un résultat, ce ne pouvait être qu'une effusion de sang, le poète émigra à Nantgwilt. dans le pays de Galles. Ici, les Shelley envisageaient de recevoir Godwin et sa famille, Miss Hitchener avec ses élèves américaines ; et pourquoi pas le père de Miss Hitchener, qui aurait été un vieux contrebandier ? Ici, Shelley a rencontré Thomas Love Peacock pour la première fois. Ils n'ont pas pu rester à Nantgwilt en raison de divers incidents et ont migré vers ce paradis terrestre du nord du Devon, Lynmouth. Ce lieu charmant, avec son cadre magnifique et romantique, aimé et merveilleusement décrit par plus d'un poète, ne peut manquer d'être cher à ceux qui le connaissent avec et à travers eux. Ici, dans un jardin devant leur cottage couvert de roses et de myrtes, à proximité du bruit de Lynn qui se précipitait, Shelley se tenait sur un monticule et lâchait ses ballons de feu dans l'air frais du soir. Ici, Miss Hitchener les rejoignit. Quels entretiens et quelles divagations ils ont dû avoir, seuls ceux qui ont connu un poète dans un tel endroit peuvent l'imaginer ; mais peut-être que Shelley, bien que poète, n'était pas suffisant pour les trois dames dans un quartier où les sentiers étroits et sinueux auraient pu faire paraître l'une ou l'autre négligée et laissée pour compte. Pauvre Shelley, rappelé du ciel sur la terre par des vicissitudes semblables, naturellement retenu par sa femme ; et aussitôt des désaccords commencèrent qui aboutirent à ce que Miss Hitchener soit désormais appelée le « Démon brun ». Quelle chute du réformateur idéal du monde ! Une autre des idoles autodidactes de Shelley s'est brisée.

Les Shelley souhaitaient que Fanny Godwin se joigne à leur groupe à Lynmouth ; mais Godwin ne le permettait pas sans en informer davantage ses amis, bien que Shelley ait écrit des lettres touchantes au sage, espérant qu'il pourrait être le séjour de ses années de déclin. Au milieu du paysage romantique de Lynmouth, Shelley a écrit une grande partie de son *Queen Mab* ; il a également adressé un sonnet et un poème plus long à Harriet, en août. Ces poèmes ne témoignent certainement d'aucune perte d'affection, bien qu'ils ne ressemblent pas aux poèmes d'amour éclatants d'une période ultérieure.

De Lynmouth Shelley, avec son groupe, s'installa à Swansea, puis à Tremadoc, où ils convinrent de prendre une maison nommée Tanyrallt, puis ils se rendirent à Londres pour rencontrer Godwin, qui, entre-temps, avait rendu visite à Lynmouth. juste après leur voltigage. Ici, Shelley eut le plaisir de voir le philosophe face à face, et maintenant les visites furent échangées, et les promenades et les dîners suivirent, et, parmi d'autres amis de Godwin, Shelley rencontra Clara de Boinville et Mme Turner, qui aurait inspiré son première grande parole, "Au loin, la lande est sombre sous la lune", mais dont le mari s'est fortement opposé à ce que Shelley visite leur maison.

A cette occasion, Fanny Godwin était la plus vue ; Mary Godwin, qui n'avait que quinze ans, n'arrivait que vers la fin du séjour de Shelley à Londres après une visite à ses amis, les Baxter, en Écosse. Aucune mention n'est faite d'elle par Shelley, bien qu'elle ait dû dîner en sa compagnie vers le 5 novembre 1812. Au cours de cette visite à Londres, Shelley se réconcilie avec Hogg, l'appelant et le suppliant de venir le voir, lui et sa femme. Il ne semble certainement pas que Shelley réfléchisse encore sérieusement à son ancien différend avec Hogg, à peine un an auparavant. Peu après, le 8, on retrouve le pauvre « Brown Demon » quittant les Shelley, avec la promesse d'une rente de cent livres. Elle rouvrit plus tard une école à Edmonton et fut très appréciée de ses élèves. Shelley retourna maintenant à Tremadoc, où il passa l'hiver dans sa maison de Tanyrallt, aidant les pauvres à traverser cette dure saison de 1812-1813. Ici, l'une des premières tentatives pratiques de Shelley pour l'humanité fut d'aider à récupérer des terres sur la mer ; mais le premier effort de Shelley, contrairement au dernier *Faust* de Göthe , ne le satisfit pas, et peu de temps après, une autre tentative d'assassinat, réelle ou imaginaire, le 26 février 1813, obligea le groupe à quitter le quartier, cette fois encore pour l'Irlande. Il a passé peu de temps sur le lac de Killarney, avec sa femme et Eliza. En avril, nous le retrouvons à Londres, dans un hôtel d'Albemarle Street ; de là, il passa à Half Moon Street, où naquit en juin leur premier enfant, Ianthe. Le bébé a été un grand plaisir pour Shelley, qui, cependant, s'est opposée à la nourrice. Il écrivit un sonnet touchant à sa femme et à son enfant trois mois plus tard. Pendant tout ce temps, aucun changement apparent d'affection n'est suggéré. Peu de temps après, alors qu'ils étaient à Bracknell, près de Windsor, ils entretinrent la connaissance de la famille De Boinville, et Shelley commença l'étude de l'italien avec eux tandis qu'Harriet abandonna le sien du latin. De Bracknell, Shelley a effectué sa dernière visite à Field Place pour voir sa mère, en l'absence de son père et des plus jeunes enfants. S'ensuit une entrevue avec son père , un voyage à Édimbourg, puis en décembre un retour à Londres ; certainement une inquiétude inquiétante, causée sans doute en grande partie par le manque d'argent, mais se déplacer ne semblait pas être le moyen d'économiser ou d'en gagner. Shelley a rendu visite à Godwin à plusieurs reprises au cours de son séjour à Londres. À cette époque, Shelley dut élever des post-nécrologies ruineuses sur la propriété familiale et, pour des raisons juridiques, il jugea maintenant souhaitable de faire suivre le mariage écossais par un mariage dans l'église anglaise, et lui et Harriet se remarièrent le 22 mars 1814. , à l'église Saint-Georges.

Mais même maintenant, de petites failles semblent s'être creusées, assez petites apparemment, et pourtant, comme le petit nuage dans le ciel, indiquant l'approche de la tempête. Cette période même d'épreuves, faute d'argent, semble avoir été choisie par Harriet pour montrer un désir de luxe que leurs revenus actuels ne pouvaient justifier. Une voiture fut achetée et fut ajoutée, avec les dépenses qui l'accompagnent, au petit *ménage* ; l'argenterie était également considérée comme une nécessité ; et, peut-être ce qui déplaît le plus aux goûts naturels de Shelley, la nourrice fut retenue, bien qu'Harriet ait toujours semblé être une jeune femme forte, capable d'assumer son devoir maternel. Ce fait était considéré par Peacock comme ayant principalement aliéné l'affection de Shelley.

En dehors de cela, la pauvre Harriet, avec la naissance de son enfant, semble avoir abandonné ses études, qu'elle avait évidemment poursuivies pour plaire à Shelley, et avoir pris conscience du fait que c'était une tâche difficile de reprendre toute la cause. de l'humanité souffrante et l'aider avec leur mince bourse, et faire vivre leur maison errante. Il est difficile d'imaginer le génie qui aurait pu suffire, et il fallait certainement du génie, ou quelque chose de très similaire, pour maintenir en paix l'esprit faustiste de Shelley.

Il y a une lettre de Fanny Godwin à Shelley, après sa première visite, parlant de sa femme comme d'une brave dame. Shelley l'a vigoureusement défendue contre cette accusation, mais il sentait maintenant que ce désastre pourrait vraiment être imminent. La pauvre et jolie Harriet ne pouvait ni comprendre ni parler philosophie avec Shelley et, ce qui était pire, sa sœur était toujours présente pour empêcher tout sentiment spontané de dépendance à l'égard de son mari de la faire aimer à lui. Même avant sa deuxième cérémonie de mariage avec Harriet, nous le voyons écrire une lettre très découragée à Hogg. Il semblait vraiment dans la « vieillesse prématurée » du poète, comme il l'exprimait, bien qu'aucun poète comme lui n'ait le pouvoir de rajeunir. Sa haine envers sa belle-sœur était alors extrême, mais il semble avoir été incapable de la renvoyer. C'était pour lui une véritable torture de la voir embrasser son bébé. Il écrit ainsi depuis chez Mme de Boinville à Bracknell, où il a eu un mois de repos avec de la philosophie et de douces conversations. Parler était plus facile que d'agir en philosophie à ce stade, et planifier l'amélioration du monde plus agréable que de lutter pour empêcher une pauvre âme de sombrer dans la dégradation ; mais qui jugera la force de la puissance d'autrui, ou ressentira le fardeau du malheur d'autrui ? Nous pouvons seulement dire comment l'expression de son agonie peut nous aider ; mais il est sûrement digne d'admiration de trouver Shelley, quatre jours après avoir écrit cette lettre des plus déchirantes à Hogg, liant ses chaînes encore plus fermement en se remariant, de sorte que, quoi qu'il arrive, aucune insulte ne soit jetée sur Harriet.

Harriet, qui n'avait jamais rien compris au ménage, et dont *le ménage* , selon Hogg, était des plus drôles, maintenant que la nouveauté du discours et des manières de Shelley était passée, et que même les changements constants commençaient à la rassasier, passa apparemment un certain temps. temps d' *ennui intolérable* . On se souvient encore dans la famille Pilfold de la façon dont Harriet est apparue chez eux tard dans la nuit, vêtue d'une robe de bal, sans châle ni bonnet, après s'être disputée avec Shelley. Un médecin qui devait opérer son enfant fut frappé d'étonnement par son attitude et la considéra comme totalement insensible, et le poème de Shelley, "Lines, April 1814", écrit, selon le témoignage de Claire Clairmont, lorsque M. Turner s'y opposa. à sa visite à sa femme à Bracknell, donne une image touchante de la maison sans confort dans laquelle il retournait ; en fait, ils semblent à peine avoir été de nouveau ensemble qu'Harriet a pris un nouveau départ. Il y a un poème implorant de Shelley, adressé à Harriet en mai 1814, la suppliant de céder et d'avoir pitié, si elle ne peut pas aimer, et de ne pas le laisser endurer « la misère d'une guérison fatale » ; mais Harriet n'a pas fait preuve de générosité, si nécessaire, et, selon Thornton Hunt, elle a quitté Shelley et s'est rendue à Bath, où elle se trouvait encore en juillet. Ce que Harriet visait réellement par cette décision stupide est douteux ; elle a certainement été prise au moment le plus fatal. Laisser Shelley seule, près de ses chers amis, alors qu'elle avait repoussé ses avances pour regagner son affection et fait de sa maison un endroit où il redoutait d'entrer, était tout sauf sage ; mais la sagesse n'était pas *le fort d'Harriet* ; elle avait besoin d'un mari qui soit sage pour elle. Shelley, cependant, possédait la plupart des dons, à l'exception de la sagesse à cette époque.

Au-delà de ces faits, il ne semble y avoir que des suppositions sur lesquelles juger. On peut toujours se demander dans quelle mesure Shelley connaissait ou croyait réellement certaines idées d'infidélité de la part de sa femme à l'égard du major Ryan - idées qui, même si elles avaient été crues, n'auraient pas justifié sa façon d'agir ultérieurement.

Mais ici, pour un temps, nous devons laisser la pauvre Harriet, toute sa beauté rejetée sur Shelley, tous les dons divins de Shelley sans valeur pour elle. Quelle étrange désunion pour traverser la vie ! Seule la philosophie la plus sévère ou la plus insensibilité aurait pu y parvenir – et Shelley était encore si jeune, avec sa philosophie entièrement théorique.

CHAPITRE IV.

MARIE ET SHELLEY.

Nous quittions Godwin sur le point d'écrire en réponse à la lettre mentionnée par Shelley. La correspondance qui s'ensuit, bien que très intéressante en elle-même, n'a ici d'importance que dans la mesure où elle a conduit à l'intimité croissante des familles. Ces lettres sont pleines de bons conseils d'un vieux philosophe à un jeune trop enthousiaste ; et une datée du 14 mars 1812, suppliant Shelley de quitter l'Irlande et de venir à Londres, se termine par la phrase lourde de sens : « Vous ne pouvez pas imaginer à quel point toutes les femmes de ma famille, Mme Godwin et *ses trois* filles, sont intéressées par vos lettres et votre histoire." Ainsi ici, à quatorze ans, nous trouvons Mary profondément intéressée par tout ce qui concerne Shelley ; la pauvre Mary, qui avait l'habitude d'errer, lorsqu'elle était à Londres, de la bibliothèque pour mineurs de Skinner Street vers le nord jusqu'au vieux cimetière de St. Pancras, pour s'asseoir avec un livre à côté de la tombe de sa mère et trouver cette sympathie qui manque si cruellement dans sa maison.

Vers cette époque, Godwin écrivit une lettre concernant l'éducation de Mary à un correspondant désireux d'être informé sur le sujet. Nous ne pouvons pas faire mieux que de le citer :

Vos demandes concernent principalement les deux filles de Mary Wollstonecraft. Ni l'un ni l'autre n'ont été élevés avec une attention exclusive au système et aux idées de leur mère. Je l'ai perdue en 1797 et en 1801 je me suis marié une seconde fois. L'un des motifs qui m'a poussé à choisir cette option était le sentiment que j'avais en moi d'incompétence pour l'éducation des filles. L'actuelle Mme Godwin a une grande force et activité d'esprit, mais n'est pas exclusivement une adepte des notions de sa mère ; et, en effet, ayant formé un établissement familial sans avoir préalablement prévu de subvenir aux besoins d'une famille, ni Mme Godwin ni moi n'avons assez de loisir pour mettre en pratique les nouvelles théories de l'éducation ; tandis que nous nous efforçons tous les deux honnêtement, dans la mesure où nos opportunités le permettent, d'améliorer l'esprit et le caractère des branches les plus jeunes de notre famille.

Parmi les deux personnes auxquelles se rapportent vos recherches, ma propre fille est considérablement supérieure en capacité à celle que sa mère avait auparavant. Fanny, l'aînée, est d'un caractère calme, modeste, discret, quelque peu encline à l'indolence, ce qui est son plus grand défaut, mais sobre, observatrice, particulièrement claire et distincte dans la faculté de mémoire, et disposée à exercer ses propres pensées et à suivre ses pensées. son propre jugement. Mary, ma fille, est son contraire à bien des égards. Elle est singulièrement audacieuse, quelque peu impérieuse et active d'esprit. Son désir de connaissance est grand et sa persévérance dans tout ce qu'elle entreprend est presque invincible. Ma propre fille est, je crois, très jolie. Fanny n'est pas du tout belle, mais, en général, prévenante.

Par cette lettre, la nécessité semble avoir été le principal moteur de l'éducation des enfants. Des difficultés sans cesse croissantes entouraient la famille, qui était cependant maintenue à l'écart des influences néfastes des circonstances étroites par l'intellect de Godwin et de ses amis. Même les spéculations dans lesquelles Mme Godwin est considérée comme ayant imprudemment entraîné son mari à la bibliothèque pour mineurs de Skinner Street ont peut-être, pendant un certain temps, réellement aidé à élever la famille et à éduquer les fils.

Avant la rencontre avec Shelley, Mary était connue comme une jeune fille d'une forte nature poétique et émotionnelle. Ses amis se souviennent encore d'une histoire qui le prouve : juste avant son dernier retour des Highlands, précédant ses rencontres mouvementées avec Shelley, elle visita, pendant son séjour chez les Baxter, certaines des régions les plus pittoresques des Highlands, en compagnie de M. Miller, libraire d'Edimbourg ; et il raconta son enthousiasme passionné lorsqu'on l'emmena dans une pièce entourée de miroirs pour refléter la vue magique des cascades et des montagnes coiffées de nuages ; comment elle tomba à genoux, ravie à ce spectacle, et remercia la Providence de lui avoir permis d'être témoin de tant de beauté. C'était la nature, avec ses antécédents et son environnement, d'entrer bientôt en communion avec Shelley, au moment de son découragement face à la dureté et à la prétendue désertion de sa femme ; Shelley donc, si loin de l'autosuffisance, aspirant à la sympathie et à un idéal de vie, avec toutes ses anciennes idoles brisées. La maison de Godwin devint pour lui le foyer des relations intellectuelles. Godwin, entouré d'une famille cultivée, n'était pas moins estimé par Shelley, en raison du hasard qu'il avait alors une librairie à entretenir - Shelley, dont l'enfance, bien que passée dans le confort d'une maison de campagne anglaise, manquait pourtant les richesses de la culture supérieure. Pendant deux mois de diverses épreuves, Shelley est restée dans une grande intimité, visitant la maison de Godwin et y dînant constamment. C'était pendant le retrait volontaire de sa femme à Bath, de mai - quand il semble l'avoir suppliée de se réconcilier avec lui - jusqu'en juillet, quand elle, à son tour, devenue inquiète après quatre jours d'absence de nouvelles, écrivit une implorante lettre à Hookham, le libraire de Bond Street, pour obtenir des informations sur son mari.

Entre-temps, que s'était-il passé dans la maison de Godwin ? Le philosophe, que Shelley aimait et vénérait, était de plus en plus impliqué dans les questions d'argent. Que fallait-il sinon pour rapprocher encore les sympathies du poète, qui n'avait pas été exempté de pareilles difficultés ? Il se trouvait ainsi dans la position anormale d'un héritier de vingt mille livres par an, qui pourrait souhaiter récolter trois mille livres sur ses espérances futures, non pas pour des dettes de jeu déshonorantes, ou des extravagances pires, mais pour sauver son maître bien-aimé et sa famille d'une catastrophe. détresse.

Quel tourbillon de circonstances pour emmêler tous les concernés ! Mary revenant des délices de sa maison écossaise pour retrouver son père, qu'elle a toujours aimé avec dévouement, au bord de la faillite, avec toutes les perspectives désespérées que sa nature émotive et très imaginative pouvait évoquer ; puis de trouver cet état de détresse redouté soulagé, et par son héros, le poète qui, depuis plus de deux ans, « s'intéressait profondément à toutes les femmes de sa famille ».

Et pour Shelley, le contraste avec la maison désolée, où la bouderie et la mauvaise humeur l'assaillaient, et qui, pendant un temps, fut pour lui une maison déserte ; où les faits, ou son imagination capricieuse, se déchaînaient avec son honneur, jusqu'à la maison où tout lui montrait son côté rose ; où tous rivalisaient pour plaire au jeune bienfaiteur, qui était l'humble élève de son maître ; où Marie, dans l'éclat grandissant de sa jeunesse et de son intelligence, pouvait parler sur un pied d'égalité avec le poète enthousiaste.

Les yeux de Godwin et de sa femme n'étaient-ils pas aveuglés à l'époque où la réconciliation avec Harriet était encore possible ? La gratitude est sûrement venue pour tromper l'honneur. Celui qui, ne serait-ce que par sentiment personnel, aurait pu tenter de détourner le cours du torrent impétueux n'était pas là. Fanny, qui avait autrefois écrit sur Shelley comme un héros de romance, était au Pays de Galles pendant cette période.

Ainsi, pas à pas et jour après jour, la marche du destin continua, jusqu'à ce que, au moment où Hookham détacha apparemment les yeux de Godwin, en recevant la lettre d'Harriet le 7 juillet 1814, la passion semblait avoir maîtrisé le pouvoir de la volonté ; et l'obstacle maintenant imposé par Godwin ne fit que donner une impulsion supplémentaire au torrent, que rien ne pouvait plus arrêter.

De tels moments dans une vie semblent illustrer les doctrines contrastées de Calvin et de Schopenhauer ; de deux cours, l'un ou l'autre est ouvert. Mais à cette époque, Shelley était plus un être d'émotion que de volonté – à moins, en effet, qu'il ne soit confondu avec l'émotion.

Nous en avons vu assez pour comprendre que Shelley n'avait pas besoin d'entrer furtivement dans la maison de son bienfaiteur pour le blesser à sa cravate la plus proche, mais que les circonstances attirèrent Shelley vers Mary avec autant de force qu'elle vers lui. Les rencontres près de la tombe de sa mère semblaient sanctifier l'amour qui aurait dû être celui d'un autre. Ils essayèrent vaguement de se justifier par des principes grossiers. Mais l'auto-illusion ne pouvait pas durer très longtemps ; et lorsque Godwin interdisa à

Shelley sa maison le 8 juillet, Shelley, toujours impétueux et têtu, dont les vertus mêmes devinrent pour le moment des vices, écarta toutes les barrières.

Quelles tromperies, outre l'auto-illusion, ont dû être nécessaires pour réaliser un projet aussi fou que l'on puisse imaginer ; car certainement ni Godwin ni, encore moins, sa femme, n'étaient enclins à sanctionner un acte aussi illégal et injuste. Nous voyons, d'après la description de Hogg, à quel point la rencontre entre Mary et Shelley fut passionnée, à laquelle il fut témoin par hasard ; et plus tard, Shelley se serait précipitée dans sa chambre avec du laudanum, menaçant de le prendre si elle n'avait pas pitié de lui. Ces scènes et d'autres semblables, ainsi que les notions philosophiques dont Marie a dû s'imprégner, l'ont amenée à agir à seize ans comme elle ne l'aurait certainement pas fait à vingt-six ans ; mais maintenant sa connaissance du monde était faible, son enthousiasme grand – et évidemment elle croyait à l'infidélité d'Harriet – de sorte que l'amour ajoutait à l'impatience de la jeunesse, qui ne pouvait pas prévoir le terrible avenir. Sans doute, s'ils avaient pu imaginer tous deux la scène de la Serpentine trois ans plus tard, ils auraient reculé devant l'action qui constituait un maillon fort de la chaîne qui y conduisait.

Mais maintenant, toutes les pensées sauf l'amour et le moi, ou l'une pour l'autre, furent mises de côté, et le 20 juillet 1814, nous trouvons Mary Godwin quittant la maison de son père avant cinq heures du matin, tout comme Harriet avait quitté sa maison. trois ans plus tôt.

Une entrée faite par Mary dans un exemplaire du *Queen Mab* que Shelley lui avait donné et daté de juillet 1814, nous montre comment, quelques jours avant leur départ, ils n'avaient pas pris une décision aussi désespérée. Les mots sont les suivants : « Ce livre est sacré pour moi, et comme aucune autre créature ne le consultera jamais, je peux y écrire ce que je veux. Mais que dois-je écrire ? que j'aime l'auteur au-delà de toute puissance d'expression. , et que je suis séparé de lui ? Très cher et unique amour, par cet amour que nous nous sommes promis, même si je ne suis pas à toi, je ne pourrai jamais appartenir à un autre. Mais je suis à toi, exclusivement à toi.

Mary, dans son roman *Lodore* , publié en 1835, donne une version des différences entre Harriet et Shelley. Bien que Lord Lodore soit plus une imitation de l'idée que Mary se fait de Lord Byron que de Shelley, Cornelia Santerre, l'héroïne, peut être en partie tirée d'Harriet, tandis que Lady Santerre, sa mère entremetteuse, est tirée d'Eliza Westbrook. Lady Santerre, lorsque sa fille est mariée, la maintient toujours sous son influence. Elle est décrite comme intelligente, bien que peu instruite, avec toutes les petites manœuvres qui accompagnent fréquemment cette condition. Lorsque des différends surgissent entre Lodore et sa femme, la mère, au lieu de conseiller la conciliation, conseille à sa fille de rejeter les avances de son mari. Dans ces circonstances, les éloignements mènent à la haine, et Cornelia déclare qu'elle ne quittera jamais sa mère et désire que son mari la laisse en paix avec son enfant. Lodore n'y consent pas, mais emmène l'enfant avec lui en Amérique. La belle-mère parle de désertion et de cruauté et engage une procédure judiciaire. Par cette procédure, tout espoir est perdu. Nous retraçons une grande partie de l'histoire de Shelley et Harriet dans cette romance, jusqu'à l'âge de Lady Lodore lors de sa séparation, qui est de dix-neuf ans, le même âge que celui d'Harriet. Lady Lodore est désormais considérée comme une épouse blessée et abandonnée. Cela pourrait s'appliquer également à Lady Byron ; mais il y a des traits et des descriptions évidemment applicables à Harriet. Lady Santerre l'encourage à attendre plus tard la soumission de son mari, mais le temps pour cela est révolu. Nous retraçons ici la période où Shelley a également supplié sa femme de se réconcilier avec lui en mai, ainsi que la tentative de réconciliation d'Harriet avec Shelley, trop tard, en juillet, lorsque Shelley a eu un entretien avec sa femme et que des explications ont été données, qui s'est terminée à Harriet consentant apparemment à une séparation. L'entretien eut pour résultat de donner à Harriet une maladie très dangereuse dans son état de santé ; elle attendait déjà avec impatience la naissance d'un enfant. Il est vrai que Shelley aurait cru que cet enfant n'était pas le sien, même s'il a reconnu plus tard que cette croyance n'était pas correcte. Le nom d'un certain major Ryan figure dans l'histoire domestique des Shelley à cette époque ; mais il ne semble certainement y avoir aucune preuve sur la base de laquelle condamner la pauvre Harriet, bien que Godwin ait informé plus tard Shelley qu'il avait la preuve qu'Harriet lui avait trompé quatre mois avant qu'il ne la quitte. Cette preuve n'est pas disponible, et la position de sa fille Mary a peut-être fait paraître de minces preuves plus importantes à l'époque à Godwin ; en fait, le peu de preuves de quelque nature que ce soit concernant les désaccords et la séparation de Shelley et Harriet semblent indiquer la curieuse anomalie dans le caractère de Shelley, qui, bien qu'il n'ait pas hésité à agir selon ses opinions précoces et grossières avouées quant à la durée du mariage — opinions qu'il désapprouva plus tard dans sa propre critique de *la reine Mab* —, mais le sentiment inné d'un gentleman lui interdisait de parler des défauts réels ou supposés de sa femme, même à ses amis intimes. Ainsi, lorsque Peacock l'interrogea sur ses préférences pour Harriet, il répondit seulement : « Ah, mais vous ne savez pas à quel point je détestais sa sœur.

Que ce soit plus ou moins fautif, ou péché contre, ou péché, nous devons maintenant quitter Harriet pour un moment et accompagner Shelley et Mary ce 28 juillet où elle quitta la maison de son père avec Jane, désormais appelée "Claire" Clairmont, pour rencontrer Shelley. près de Hatton Garden vers cinq heures du matin. Nous possédons de nombreux témoignages du voyage ultérieur, car avec cette tournée, Mary a également commencé une vie de travail littéraire, dans laquelle elle a pu heureusement se confier beaucoup à l'ami inconnu, le public, qui, même s'il n'est pas toujours directement reconnaissant envers ceux qui ouvrent leur y tient à cœur, est toujours avide de leurs œuvres et influencé par elles. Ainsi, de Mary elle-même, nous apprenons tout ce qu'elle souhaitait publier dans son journal dans le *Six Weeks' Tour*, et nous avons maintenant le journal original de Mary et Shelley, tel que donné par le professeur Dowden. Nous devons répéter pour Mary l'histoire si souvent racontée de Shelley ; car désormais, jusqu'à ce que la mort les sépare, leurs vies sont ensemble.

Le 27 juillet 1814, après avoir convenu d'un plan avec Mary, qui devait également être connu de Claire malgré sa déclaration selon laquelle elle ne pensait qu'à faire une promenade tôt, Shelley commanda la chaise de poste et, comme le dit Claire, lui et Mary l'a persuadée d'y aller aussi, car elle connaissait le français, langue qu'ils ne connaissaient pas. Shelley raconte le voyage ultérieur à Douvres et le passage à Calais, la première sécurité qu'ils ont ressentie l'un envers l' autre malgré tous les risques et dangers. Mary a beaucoup souffert physiquement, et sans doute moralement, de devoir s'arrêter à chaque étape sur la route de Douvres malgré le danger d'être dépassée, en raison de la chaleur excessive provoquant des malaises. En arrivant à Douvres, ils trouvèrent le paquet déjà parti à 4 heures, alors, après s'être baignés dans la mer et avoir dîné, ils engageèrent un voilier pour les emmener à Calais, et se sentirent de nouveau en sécurité face à leurs poursuivants ; car, sans aucun doute, s'ils avaient été trouvés en Angleterre, Shelley n'aurait pas pu réaliser son plan.

Il ne leur était pas permis de traverser la Manche ensemble sans danger, car après quelques heures de calme, pendant lesquelles ils ne purent avancer, une violente rafale éclata, et les voiles du petit bateau furent presque brisées, les éclairs et le tonnerre furent incessants. , et le danger imminent fit réfléchir sérieusement Shelley, car il soutenait avec difficulté la forme endormie de Mary dans ses bras. Assurément, toute cette scène est bien décrite dans « Les Fugitifs » :

Tandis que autour de l'océan fouetté.

Même si Mary se réveilla en apprenant qu'ils étaient encore loin de la terre et qu'ils pourraient être forcés de se diriger vers Boulogne s'ils ne pouvaient atteindre Calais, à l'aube d'un nouveau jour, l'éclair pâlit, et enfin ils furent débarqués sur les sables de Calais, et je les ai croisés jusqu'à leur hôtel. Les images et les sons nouveaux d'une nouvelle langue rendirent bientôt Marie, et elle put remarquer les différents costumes ; et le contraste saillant de l'autre côté de la Manche ne pouvait manquer de charmer trois jeunes si ouverts aux impressions. Mais avant la nuit, on leur rappela qu'il y en avait d'autres que leur destin affectait, car ils furent informés qu'une « grosse dame » s'était renseignée sur eux et leur disait que Shelley s'était enfuie avec sa fille. C'était la pauvre Mme Godwin qui les avait suivis à travers la chaleur et la tempête, et qui espérait au moins inciter sa fille Claire à revenir sous la protection du toit de Godwin ; mais cela, après mûre délibération, conseillée par Shelley, elle refusa de le faire. Ayant échappé si loin à la routine et à l'ennui imaginaire de la vie familiale, l'impétueuse Claire ne devait pas être si facilement empêchée de partager le plaisir magique de découvrir de nouveaux pays et d'acquérir de nouvelles expériences. Alors Mme Godwin revint seule, pour faire la meilleure histoire possible afin de satisfaire les curieux des étranges agissements de sa famille.

Pendant ce temps, les voyageurs se rendirent en diligence le 30 au soir à Boulogne, puis, comme Marie était loin d'être en bonne santé, ils se hâtèrent de se rendre à Paris, où, après une semaine de repos, malgré de nombreux ennuis dus au manque d'argent et aux difficultés de voyage, En l'obtenant, Mary retrouva suffisamment de forces pour profiter de certains des sites intéressants. Une tournée pédestre a été entreprise à travers la France jusqu'en Suisse. A Paris, les entrées du journal sont principalement celles de Shelley ; il fait quelques remarques curieuses sur les tableaux du Louvre, et évoque avec plaisir la rencontre avec un Français parlant anglais qui l'a aidé, car le français de Claire ne semble pas avoir résisté à l'épreuve d'une longue discussion sur les affaires à cette époque. Finalement, un versement de soixante livres fut reçu, et ils décidèrent immédiatement d'acheter un âne pour transporter le portemanteau nécessaire et Mary lorsqu'ils seraient incapables de marcher ; C'est ainsi qu'ils commencèrent leur voyage en 1814, à travers un pays récemment dévasté par les armées d'invasion de l'Europe. Ils ne se laissèrent pas décourager par les récits poignants de leur logeuse et partirent pour Charenton le soir du 8 août, mais découvrirent bientôt que leur cul avait besoin de plus d'aide qu'eux, ce qui les obligea à le vendre à perte et à acheter une mule le lendemain. le prochain jour. Sur cet animal, Mary partit vêtue de soie noire, accompagnée de Claire dans une robe similaire et de Shelley qui marchait à côté. Cette façon primitive de voyager n'était pas sans inconvénients, surtout après les guerres désastreuses. Leur nourriture était des plus grossières, et leur logement souvent des plus sordides ; mais ils étaient jeunes et enthousiastes, et pouvaient admettre avec joie que Napoléon avait dormi dans leur chambre dans une auberge. Et les villes françaises pittoresques, bien que souvent ruinées, avec leurs remparts et leurs vieilles cathédrales, leur donnaient bonheur et contentement ; d'un autre côté, la saleté, l'inconfort et l'ignorance auxquels ils ont été confrontés étaient extrêmes. Dans un misérable village, Echemine, les gens ne voulaient pas reconstruire leurs maisons car ils s'attendaient au retour des Cosaques, et ils n'avaient pas appris que Napoléon avait été déposé ; tandis que deux lieues plus loin, à Pavillon, tout était différent, témoignant du peu de communications d'une ville à l'autre en France à cette époque.

Shelley était maintenant obligé de monter sur le mulet, s'étant foulé la cheville, et en arrivant à Troyes, Mary et Claire étaient complètement fatiguées de marcher. Là, ils ont dû reconsidérer les voies et moyens ; le mulet, ne suffisant plus, fut vendu, une *voiture* achetée, et un homme et un mulet engagés pendant huit jours pour les conduire à Neuchâtel. Mais leurs ennuis ne s'arrêtèrent pas là, car l'homme se révéla bien plus obstiné que le mulet, et était déterminé à profiter des douceurs de la tyrannie : il s'arrêtait où il voulait, sans se soucier de l'hébergement ou de l'absence d'hébergement, et continuait quand il le voulait, il ne se souciait pas de savoir si ses voyageurs montaient ou descendaient de la voiture. Mary décrit comment ils ont dû s'asseoir une nuit devant un misérable feu de cuisine dans le village de Mort, jusqu'à ce qu'ils soient trop heureux de poursuivre leur voyage à 3 heures du matin. En fait, à cette époque, Mary était capable, au milieu de la France, de connaissent les mêmes désagréments que les touristes doivent désormais aller beaucoup plus loin pour découvrir. Leur voyage était très différent de celui décrit plus tard par Mary, lorsque des hôtels confortables sont relatés ; mais, oh ! comment elle s'est ensuite souvenue des jours heureux de cette époque. Le trio aurait volontiers prolongé l'état actuel des choses ; mais hélas! l'argent disparut malgré un tarif frugal, et ils décidèrent, en arrivant en Suisse, et en réunissant avec difficulté environ trente-huit livres d'argent, que leur seul expédient était de retourner en Angleterre de la manière la moins chère possible. Ils essayèrent cependant d'abord de vivre à bon marché dans un vieux château au bord du lac d'Arx, qu'ils louèrent à une guinée par mois ; mais l'inconfort et les difficultés étaient trop grands, et même les ressources habituelles de la lecture et de l'écriture ne parvenaient pas à les inciter à rester dans ces circonstances. Ils envisageèrent à un moment donné un voyage au sud des Alpes, mais, n'ayant plus que vingt-huit livres pour vivre de septembre à décembre, ils pensèrent naturellement qu'il serait plus sûr de retourner en Angleterre et décidèrent de parcourir les huit cents milles par voic maritime. comme mode de transport le moins cher. Ils partirent de Lucerne par la Reuss, descendant plusieurs chutes en chemin, mais durent atterrir à Loffenberg car les chutes y étaient infranchissables. Le lendemain, ils prirent un canot grossier pour se rendre à Mumph, lorsqu'ils furent forcés de continuer leur voyage dans un cabriolet de retour ; mais cette panne, ils durent marcher une certaine distance jusqu'au lieu le plus proche pour trouver des bateaux, et eurent la chance de rencontrer des soldats pour porter leur caisse. Après s'être procuré un bateau, ils atteignirent Bâle dans la soirée et repartirent pour Mayence le lendemain matin sur un bateau chargé de marchandises. Ceci mit fin à leur courte tournée en Suisse; mais ils passèrent le temps délicieusement, Shelley lisant les lettres de Mary Wollstonecraft de Norvège, puis, de nouveau, parfaitement fasciné, à mesure que la nuit approchait, avec les effets magiques du ciel au coucher du soleil, des collines surmontées de châteaux en ruine et des couleurs réfléchies sur le cours d'eau changeant. Ils procédèrent de cette manière, passant la nuit dans des auberges et prenant n'importe quel bateau disponible le matin. Ils atteignirent ainsi Cologne, en passant par le paysage romantique du Rhin, qui leur fut rappelé plus tard en lisant *Childe Harold* . De là, ils traversèrent la Hollande en diligence, car ils trouvaient que voyager par les canaux et les rivières sinueuses serait trop lent et par conséquent plus coûteux. Mary ne semble pas avoir été impressionnée par le plat et pittoresque pays de la Hollande et a atteint Rotterdam avec plaisir ; mais ils furent malheureusement retenus deux jours à Marsluys par des vents contraires, dépensant leur dernière guinée, mais se sentant triomphants d'avoir voyagé si loin pour moins de trente livres.

Le capitaine, étant Anglais, osa franchir la barre du Rhin plus tôt que les Hollandais ne l'auraient fait, et par conséquent ils revinrent en Angleterre dans une violente rafale, qui dut rappeler la nuit de leur départ et bannir la tranquillité de leurs esprits. s'ils avaient été apaisés un moment par les changements de scènes et par leur confiance mutuelle.

Ce récit, tiré principalement de Mary's *Six Weeks' Tour* , publié pour la première fois en 1817, diffère dans certains détails du journal rédigé à l'époque. Dans l'édition publiée, les noms sont supprimés. Mary ne fait pas non plus référence à la lettre extraordinaire écrite par Shelley de Troyes le 13 août à la malheureuse Harriet, l'invitant à venir séjourner avec eux en Suisse, lui écrivant comme sa « très chère Harriet » et signant lui-même « toujours très affectueusement ». le vôtre." Heureusement, la proposition n'a pas été exécutée ; probablement ni Harriet ni Mary ne désiraient la compagnie de l'autre, et Shelley évitait le ridicule, ou pire, de cet arrangement.

CHAPITRE V.

LA VIE EN ANGLETERRE.

En quittant le navire à Gravesend, ils engageèrent un batelier pour les emmener sur la Tamise jusqu'à Blackwall, où ils durent prendre un autocar, et le batelier avec eux, pour parcourir Londres à la recherche d'argent pour le payer. Il n'y en avait pas chez le banquier de Shelley, ni ailleurs, il dut donc s'adresser à Harriet, qui avait retiré chaque livre de la banque. Il a été retenu deux heures, les dames devant rester sous la garde du batelier jusqu'à son retour avec de l'argent, puis elles ont fait un adieu amical au batelier et se sont rendues dans un hôtel d'Oxford Street.

Avec le retour de Shelley et Mary en Angleterre, leurs ennuis ne furent naturellement pas terminés. Au lieu d'argent et de sécurité, ce sont les dettes et les factures en souffrance qui assaillent Shelley de tous côtés ; à tel point qu'il n'osait pas rester avec Mary à ce moment critique de leur existence, où elle, incapable de retourner auprès de son père justement indigné, devait rester dans un logement obscur avec Claire, tandis que Shelley, d'une autre retraite, saccageait Londres. contre de l'argent auprès d'avocats et sur des nécrologies à des intérêts gigantesques. Nous avons maintenant des lettres qui s'échangeaient entre Mary et Shelley à cette époque ; aussi le journal de Mary, qui raconte nombre de leurs mésaventures.

Jour après jour, nous entendons des phrases telles que (22 octobre) "Shelley va avec Peacock chez les avocats, mais rien n'est fait", jusqu'au 21 décembre, nous constatons qu'un accord est conclu pour rembourser de trois mille livres un prêt de mille livres. . Godwin, même s'il l'avait aidé, n'aurait pas pu le faire, car ses propres affaires étaient maintenant dans un état de détresse perpétuelle ; et peu de temps après, l'une des principales préoccupations de Shelley fut de réunir deux cents livres pour sauver le père de Mary de la faillite, même si apparemment ils ne communiquaient que par l'intermédiaire d'un avocat. Il est curieux de voir comment Mary se plaint de l'égoïsme d'Harriet ; pauvre Harriet qui, selon Mme Godwin, espérait encore le retour de l'affection de son mari pour elle-même, et qui fit appeler Shelley, après avoir passé une nuit de danger, quelque temps avant son accouchement. À un moment donné, Mary eut l'idée, à tort ou à raison, qu'Harriet avait un plan pour ruiner son père en dissuadant Hookham de le sauver d'une menace d'arrestation. C'est ainsi que nous trouvons, dans les extraits du journal commun de Mary et Shelley, Harriet décrite comme égoïste, se livrant à un comportement étrange et même, lorsqu'elle envoie ses créanciers à Shelley, comme la méchante femme qui les oblige à changer de comportement. logements.

Avant cette entrée du 2 janvier 1815, Harriet avait donné naissance (30 novembre) à un deuxième enfant, fils et héritier, ce que Mary note une semaine plus tard comme leur ayant été communiqué dans une lettre d'une épouse *abandonnée* . Que de récriminations et de chagrins, d'abandons ressentis d'un côté et d'« égoïsmes insultants » de l'autre ! En avril, Mary écrit : « Shelley passe la matinée avec Harriet, qui est d'une humeur étonnamment bonne ; » et puis nous entendons comment Shelley est allé voir Harriet pour procurer son fils qui doit comparaître devant l'un des tribunaux ; et pourtant une fois de plus Mary écrit : « Shelley va voir Harriet au sujet de son fils, revient à quatre heures ; Harriet l'a beaucoup taquiné » ; puis un blanc quant à Harriet, car le journal est perdu de mai 1815 à juillet 1816.

Entre-temps, nous voyons dans le journal comment Mary, parfois loin d'être en bonne santé, est heureuse dans son amour pour Shelley – comment ils profitent ensemble des plaisirs intellectuels. Heureusement, ils étaient satisfaits de la compagnie l'un de l'autre, car la plupart de leurs quelques amis les quittèrent, Mme Boinville écrivant une « lettre froide et même sarcastique » ; les Newton étaient considérés comme se tenant à l'écart ; et Mme Turner, qu'ils virent un peu, dit à Shelley que son frère considérait que « vous aviez joué une tragédie allemande ». Shelley a répondu : « Très sévère, mais très vrai. » À peu près à cette époque, Hogg renouvela connaissance avec Shelley et fit celle de Mary, bien qu'au début sa réponse à la lettre de Shelley fût loin d'être sympathique. Lors de sa première visite, ils furent également déçus par lui ; mais un peu plus tard (14 novembre), Hogg se rendit au logement de son ami à Nelson Square, lorsqu'il fit une impression plus favorable sur Shelley en étant lui-même content de Mary. En retour, elle le trouvait amusant lorsqu'il plaisantait, mais très égaré dans ses opinions lorsqu'il discutait de sujets sérieux. En fait, lors d'une de ses visites ultérieures, elle découvre que Hogg fait une triste erreur, assez confus sur le point lorsqu'il est dans une dispute sur la vertu. . Bien qu'elle soit choquée par Hogg en matière de philosophie et d'éthique, elle l'apprécie chaque jour davantage et il les aide à passer les longues soirées de novembre et décembre avec son discours animé. Un jour, il décrivait l'apparition d'une dame qu'il avait aimée et qui, affirmait-il, lui rendait fréquemment visite après sa mort. Ils étaient tous très intéressés, mais agacés par l'interruption des superstitions enfantines de Claire. En fait, Hogg revient à la vieille amitié de l'époque universitaire, et ses plaisanteries ont dû tromper de nombreuses heures de loisirs, alors qu'il aidait également Mary dans ses études de latin maintenant commencées. Claire accompagnait fréquemment Shelley dans ses promenades chez les avocats et autres engagements professionnels, car la santé de Mary l'empêchait souvent de faire de longues promenades, et Claire a déclaré plus tard que Shelley avait une peur positive d'être seul à Londres, car il était hanté par la peur d'une attaque de Leeson, l'assassin présumé de Tanyrallt.

L'intelligence et la vivacité de Claire en faisaient parfois une compagne agréable pour Shelley et Mary ; mais même si elles avaient été sœurs – et elles avaient été élevées ensemble comme telles – Mary aurait pu trouver ennuyeuse sa présence constante dans des logements exigus, d'autant plus que Claire se tourmentait d'inquiétudes superstitieuses qui parfois, même en lisant Shakespeare, la submergeaient complètement. Son imagination fantaisiste évoquait également des causes d'offense là où aucune n'était prévue, et amplifiait les légers changements d'humeur de la part de Shelley ou de Mary en affronts intentionnels, alors qu'elle aurait plutôt dû prendre en considération la santé délicate et la situation difficile de Mary. Mary, de l'avis de tous, semble avoir naturellement eu un caractère doux et altruiste, même si elle avait suffisamment de caractère pour être absorbée par son travail, sans lequel aucun travail ne vaut la peine d'être fait. Il est vrai que son ami Trelawny parut plus tard la considérer comme quelque peu égoïstement indifférente à certains caprices ou caprices de Shelley ; mais c'était avec la faiblesse pardonnable d'un homme qui, bien qu'il aimait le caractère chez une femme, considérait néanmoins que c'était son premier devoir de livrer à son mari toutes ses folies. Quoi qu'il en soit, nous avons constamment des entrées dans le journal commun telles que : - "9 novembre. - Jane sombre ; elle est très maussade avec Shelley. Eh bien, peu importe, mon amour, nous sommes heureux. 10 novembre. — Jane ne va pas bien et ne parle pas toute la journée… Couchez-vous tôt ; Shelley et Jane restent debout jusqu'à midi et parlent avec elle de bonne humeur. Puis... "Shelley explique avec Clara." Encore une fois : « Shelley et Clara expliquent comme d'habitude. »

Mary écrit : « 26 novembre. — Travail, etc., etc. Clara de mauvaise humeur. Elle lit *L'Italien*. Shelley se redresse et lui parle avec humour. 19 décembre.— Une discussion concernant le caractère féminin. Clara imagine que je la traite avec méchanceté. Marie la console par sa bienveillance toute-puissante. "Je me lève (après m'être déjà couché) et je parle avec Clara. Elle était très malheureuse ; je la laisse tranquille." Clara elle-même écrit dès octobre : « Mary dit des choses que j'interprète comme de la méchanceté. J'avais tort. Nous sommes vite devenus amis ; mais j'ai profondément ressenti les cruautés imaginaires que j'évoquais.

Il est clair que là où des explications aussi constantes sont nécessaires, il ne saurait y avoir beaucoup de satisfaction dans une intimité perpétuelle.

Mary est amusée par la façon dont Shelley et Claire s'assoient et "s'effrayent" pour différentes raisons ou formes de superstition, et à une occasion nous avons leurs deux récits du retrait miraculeux d'un oreiller dans la chambre de Claire, Claire avouant qu'il avait bougé pendant elle ne l'a pas vu ; et Shelley attestant du miracle parce que l'oreiller était sur une chaise, un peu comme Victor Hugo décrit les paysans bretons déclarant que « la grenouille *devait* parler sur la pierre parce qu'il y avait la pierre sur laquelle elle parlait ». Le résultat aurait certainement pu être préjudiciable à Mary, qui fut réveillée par l'entrée excitée de Claire dans sa chambre. Shelley a dû s'interposer et l'emmener dans la pièce voisine, où il a informé Claire que Mary n'était pas en état de santé pour s'alarmer soudainement. Ils parlèrent toute la nuit, jusqu'à l'aube, montrant Shelley sous un aspect très hagard à l'imagination excitée de Claire (Shelley avait été assez malade la veille, comme l'a noté Mary). Elle s'excita dans de fortes convulsions, et Mary dut finalement être appelée pour la calmer. Le même effet essayé un peu plus tard a heureusement échoué ; mais il ne semblait pas y avoir de fin aux caprices de «d'esprit instable» de Claire, comme Shelley l'appelle, car elle se met à marcher dans son sommeil et à gémir horriblement, Shelley l'observant pendant deux heures, devant finalement l'emmener auprès de Mary. Certes, la philosophie ne semblait pas avoir d'effet apaisant sur la nature de Claire Claremont, et Shelley et Mary ont souvent dû déplorer l'étape fatale de la laisser quitter sa maison avec eux. Il était plus difficile de la convaincre de revenir, si toutefois cela lui était possible, avec la sœur restante, Fanny, toujours sous le toit de Godwin. La réputation de Fanny était jalousement entretenue par ses tantes Everina et Eliza, qui envisageaient qu'elle réussisse dans une école dans laquelle elles s'étaient embarquées en Irlande. Mais il n'est pas étonnant que l'excitante et vive Clara ait gémi et déploré son sort lorsqu'elle a été transférée de l'exaltation du voyage et des beautés du Rhin et de la Suisse à la monotonie de la vie londonienne dans sa position anormale ; et bien que Mary et Shelley souhaitaient manifestement être gentilles avec elle, elle ressentait plus ses propres désirs que leur gentillesse. Le manque d'occupation et de but précis dans la vie a amené des oreillers et des foyers à se promener dans la chambre de la pauvre Claire, tout comme d'autres objets sans intérêt doivent prendre un intérêt fictif dans les maisons et les vies de nombreuses dames à la mode inoccupées d'aujourd'hui, qui se divisent. leur intérêt entre une voix tintante ou une main humide et le dernier poème du dernier poète à la mode. Shelley n'est pas le seul poète imaginatif et simple d'esprit qui pourrait apparemment croire à un phénomène tel qu'une fleur fanée mais surnaturelle glissée sous sa main dans le noir, d'autres personnes en qui il a foi étant présentes et aidant peut-être à la représentation. Le génie est souvent très confiant.

Peacock était peut-être le seul autre ami qui, pendant ces jours sombres, sinon tout à fait malheureux, de Marie, leur rendait visite dans leur logement. Shelley, par son intermédiaire, entend parler de certains mouvements de sa famille, et à un moment donné, Mary entre avec ravissement dans l'idée romantique d'emmener deux héritières (les sœurs de Shelley) sur la côte ouest de l'Irlande. Cette idée les occupe pendant quelques jours à travers de nombreuses promenades délicieuses et des entretiens avec Hogg. Peacock accompagnait aussi fréquemment Shelley jusqu'à un étang touchant Primrose Hill, où le poète prenait une flotte de bateaux en papier, préparés pour lui par

Mary, pour naviguer dans l'étang, ou il tordait du papier pour servir à cet effet - cela devait être un relâchement de ses projets de Réforme.

Nous ne devons pas quitter cette période délicieusement malheureuse sans faire référence à la série de lettres échangées entre Mary et Shelley lors d'une séparation forcée. Des rendez-vous invisibles ont dû être organisés pour éviter les rencontres avec les huissiers, à un moment où la propriétaire refusait de les envoyer dîner, car elle voulait son argent, et Shelley, après une recherche désespérée d'argent, ne pouvait rentrer chez elle qu'avec du gâteau. Pendant cette période, certaines de leurs lettres les plus précieuses se sont écrites. Nous ne pouvons nous empêcher de citer quelques passages touchants après que Mary eut reçu des lettres de Shelley exprimant la plus grande impatience et le plus grand chagrin de sa séparation d'avec elle, lui désignant de vagues lieux de rendez-vous où elle devait aller et venir de rue en rue, dans l'espoir d'un réunion et une animosité effrayante contre toute la race des avocats, des prêteurs d'argent, etc., bien que tous ses espoirs dépendaient alors d'eux. Le London Coffee House semblait être le lieu de rencontre le plus sûr.

Mary, peu au courant des affaires à l'époque, ressentait surtout la séparation d'avec son mari : les dangers qui les entouraient, elle ne les ressentait que de manière réfléchie à travers lui. Ils doivent avoir confiance l'un dans l'autre, pense-t-elle, et leurs ennuis ne peuvent que passer, car il y a certainement de l'argent qui doit leur parvenir !

Elle écrit ainsi (25 octobre) :

Pendant quelle minute je t'ai vu hier ! Est-ce ainsi, ma bien-aimée, que nous devons vivre jusqu'au 6 ? Le matin, quand je me réveille, je me retourne pour te chercher. Très chère Shelley, tu es solitaire et mal à l'aise. Pourquoi ne puis-je pas être avec toi, pour t'encourager et te serrer contre mon cœur ? Ah ! mon amour, tu n'as pas d'amis. Pourquoi alors devriez-vous être arraché au seul qui a de l'affection pour vous ? Mais je vous verrai ce soir, et c'est l'espoir que je vivrai toute la journée. Soyez heureuse, chère Shelley, et pensez à moi ! Pourquoi est-ce que je dis cela, ma très chère et unique ? Je sais combien tu m'aimes tendrement et combien tu regrettes de t'éloigner de moi. Quand serons-nous libérés de la peur de la trahison ? Je vous envoie la lettre dont je vous ai parlé d'Harriet, et une lettre que nous avons reçue hier de Fanny (cette lettre donnait rendez-vous pour une rencontre entre Fanny et Clara) ; Je vous raconterai l'histoire de cette entrevue quand je viendrai, mais peut-être que, comme il pleut un jour, Fanny ne sera pas autorisée à venir du tout. J'étais tellement fatigué hier que j'ai été obligé de prendre un car pour rentrer chez moi. Pardonnez cette extravagance ; mais je suis si faible à présent, et j'avais été si agité toute la journée, que je ne pouvais pas me tenir debout ; Cependant, une matinée de repos me remettra tout à fait d'aplomb ; Je serai bien quand je vous rencontrerai ce soir. Serez-vous à la porte du café à cinq heures, car il est désagréable d'entrer dans de tels endroits ? J'y serai exactement à cette heure-là, et nous pourrons entrer à Saint-Paul, où nous pourrons nous asseoir.

Je t'envoie Diogène, car tu n'as pas de livres ; Hookham était si colérique qu'il n'a pas envoyé le livre que j'avais demandé.

Deux autres lettres distraites de Shelley suivent, montrant à quel point il avait désespérément essayé d'obtenir de l'argent d'Harriet ; comment des pistolets et des microscopes ont été apportés à un prêteur sur gages ; Davidson, Hookham et d'autres sont les méchants les plus désespérés, mais ils doivent être apaisés. Des lettres éprouvantes arrivent également de Mme Godwin, qui était naturellement très en colère contre Mary, et dont Mary exprime sa détestation en écrivant à Shelley. Encore une courte lettre :

27 octobre.

MON PROPRE AMOUR,

Je ne sais par quelle contrainte je suis obligé de vous répondre, mais votre lettre le dit ; moi aussi.

Par miracle, j'ai économisé vos 5 £ et je les apporterai. J'espère, en effet, oh, ma bien-aimée Shelley, que nous serons effectivement heureux. Je vous retrouve à trois heures et vous apporte des tas de nouvelles de Skinner Street.

Le ciel bénisse mon amour et prends soin de lui.

SA PROPRE MARIE.

Jusqu'à trois ou quatre lettres s'échangent chaque jour entre Shelley et Mary à cette époque. Une nouvelle lettre tendre et affectueuse le 28 octobre, puis ils décident de vivre l'expérience de rester ensemble une nuit. Avertis par Hookham, qui retrouva ainsi son caractère, ils n'osèrent pas retourner à la London Tavern, mais s'installèrent pour une nuit ou deux dans une taverne de St. John Street. Bientôt, le maître de cette auberge se méfia également des jeunes gens et refusa de donner plus de nourriture jusqu'à ce qu'il reçoive de l'argent pour celle déjà donnée ; et encore une fois, ils durent satisfaire leur faim avec des gâteaux, que Shelley obtint de l'argent de Peacock pour les acheter. Un autre jour dans le logement où la propriétaire ne servira pas le dîner, les gâteaux comblant à nouveau le déficit. Toujours séparation, Shelley cherche refuge chez Peacock. De nouvelles lettres de désespoir et d'amour, les aventures de Godwin provoquant une grande anxiété et des efforts de la part de Shelley pour le dégager. Un agriculteur du Sussex redonne espoir. Le 3 novembre, Mary écrit avec tristesse. Elle avait passé *près de* deux jours sans lettre de Shelley, c'est-à-dire qu'elle avait reçu celle du 2 novembre tôt le matin, et celle du 3 novembre tard dans la soirée. Ce jour-là, Mary avait également reçu une lettre de ses vieux amis les Baxter, ou plutôt de M. David Booth, avec qui son amie Isabel Baxter était fiancée, ne désirant plus aucune communication avec elle. Ce fut un coup dur pour Mary, car, Isabel ayant été une grande admiratrice de Mary Wollstonecraft, Mary avait espéré qu'elle resterait son amie. Mary écrit : « Elle adore l'ombre de ma mère. Mais alors un homme marié ! Il est impossible de faire croire à certaines personnes qu'Harriet est égoïste et insensible, et que mon père pourrait être heureux s'il le voulait. En vendant sa fille, je soupçonne à moitié qu'il y a eu une certaine communication entre les gens de Skinner Street et eux.

Mais maintenant que la séparation touchait à sa fin et que le danger d'être arrêté était passé, ils quittèrent leur logement de Church Terrace, à St. Pancras, pour se rendre à Nelson Square, où nous avons déjà vu Hogg en leur compagnie et entendu parler des bouderies, des craintes. , et les lamentations de la pauvre Claire.

Le roman de Mary Shelley sur *Lodore* rend bien compte des souffrances de cette époque, comme nous y reviendrons plus tard. La grande ressource de la puissance intellectuelle se manifeste pendant toute cette période. À une époque de mauvaise santé, d'inquiétudes de toutes sortes, de déplacements incessants des logements où les propriétaires refusaient de lui envoyer le dîner, tandis qu'elle était rejetée par tous ses amis, tandis qu'elle devait parcourir de longues distances, évitant les créanciers, pour avoir une vue de de temps en temps de sa bien-aimée Shelley, tandis que Claire déplorait son sort et semble avoir fait de son mieux pour avoir la part du lion de l'attention intellectuelle de Shelley (car elle participait à toutes les études, était capable de se promener et le faisait dormir la moitié du temps). La nuit « expliquant »), Mary continuait infatigablement ses études, lisait des livres sans fin et progressait en latin, en grec et en italien. En fait, elle s'éduquait de manière à subsister seule par la suite, à élever son fils et à le préparer à n'importe quelle position qui pourrait lui revenir dans ce monde aux fortunes changeantes. Quels que soient les défauts de Marie, ce ne sont pas les dépravés qui se préparent et mènent honnêtement le combat de la vie comme elle l'a fait.

CHAPITRE VI.

DÉCÈS DU GRAND-PÈRE DE SHELLEY ET NAISSANCE D'UN ENFANT.

Après que Shelley se soit libéré, pour un certain temps, de certaines de ses pires dettes vers la fin de 1814, l'année 1815, avec la mort de son grand-père le 6 janvier, lui apporta la perspective de circonstances plus faciles, puisqu'il était désormais le parent immédiat de son père. héritier.

Bien que Shelley n'ait pas été invité aux funérailles et n'ait eu connaissance du décès que par les journaux, il a immédiatement décidé de se rendre dans le Sussex, avec Claire comme compagne de voyage, car Mary n'était pas assez bien pour le voyage. Shelley laissa Claire à Slinfold et se rendit seul à la maison de son père, où l'admission lui fut refusée ; il adopta donc le singulier projet de s'asseoir dans le jardin, devant la porte, et de passer le temps à lire *Comus*. Un ou deux amis viennent le voir et lui disent que son père est très en colère contre lui et que le testament est des plus extraordinaires ; enfin, il est renvoyé vers l'avocat de Sir Timothy, Whitton. De lui, écrit Mary dans son journal, Shelley apprend que s'il veut assumer la succession, il aura un revenu de cent mille livres.

La propriété a en réalité été laissée ainsi, comme l'explique le professeur Dowden. Les biens de Sir Bysshe ne manquaient probablement pas de 200 000 £. Une partie, évaluée à 80 000 £, consistait en certains domaines concernés, mais sans l'accord de Shelley, l'engagement ne pouvait pas être prolongé au-delà de lui-même ; le reste se composait de biens fonciers non affectés et de biens personnels s'élevant à 120 000 £. Sir Bysshe souhaitait que toute la propriété unie passe de fils aîné en fils aîné pendant des générations. Cet arrangement ne pourrait cependant pas être réalisé sans Shelley. Sir Bysshe, dans son testament, offrit à son petit-fils non seulement les loyers, mais les revenus de la grande propriété personnelle, s'il renouvelait l'engagement de la propriété réglée et consentait également à engager la propriété non réglée ; sinon, il ne recevrait que les biens en question, qui devaient lui revenir et dont il pourrait disposer à son gré, s'il survivait à son père. Il avait un an pour faire son choix.

Shelley est considéré comme ayant fait preuve d'un esprit d'affaires dans ses négociations ; mais pour avoir conservé son dégoût originel de 1811 à l'égard de l'attribution de grandes propriétés à ses enfants - en fait, il semble avoir trop peu considéré l'éventualité de ce qui leur arriverait ou à Mary en cas de sa mort avant celle de son père. Les besoins pressants étant primordiaux à cette époque, il accepta un arrangement selon lequel une partie de la succession évaluée à 18 000 £ pourrait être cédée à son père pour 11 000 £, et un revenu de 1 000 £ par an serait assuré à Shelley pendant sa vie et sa vie.

la vie de son père. À une certaine époque, il y eut l'idée de céder la succession à son père, à titre de réversion, mais cette idée ne fut pas sanctionnée par la Cour de Chancellerie. Son père lui accordait également de l'argent pour payer ses dettes.

Nous voyons donc maintenant Mary et Shelley avec mille livres par an, moins deux cents livres qui, comme Shelley l'avait ordonné, devaient être payées à Harriet par versements trimestriels.

Maintenant que les problèmes d'argent étaient terminés, qui pendant un certain temps absorbèrent toute leur attention, Mary commença à percevoir des signes de santé déclinante chez Shelley, et un médecin affirma qu'il avait des abcès aux poumons et qu'il mourait rapidement de phtisie. Quelle que soit la cause réelle de ces symptômes, ils ont rapidement disparu, même si Shelley en a souvent souffert de diverses manières tout au long de sa vie.

En février, nous voyons aussi l'effet de la tension mentale et de la fatigue sur Marie, puisqu'elle donna naissance, vers le 22 de ce mois, à un enfant de sept mois, une petite fille, qui ne vécut que quelques jours, mais longtemps. assez pour gagner l'amour de sa mère et de son père et laisser le premier vide dans leur vie. Le journal de cette époque, tenu d'abord par Claire, puis par Mary, donne quelques détails sur la courte vie du bébé. Le 22 février...

Mary va bien et à l'aise, l'enfant ne devrait pas vivre, Shelley s'assoit avec Mary. Très agité et épuisé. Hogg dort ici.

23.—Marie bien ; enfant étonnamment vivant. Fanny vient et passe la nuit.… 24.—Marie toujours bien; symptômes favorables de l'enfant. Le Dr Clarke confirme notre espoir.… Hogg arrive le soir. Shelley malade et épuisée. 25.— L'Enfant et Marie très bien. Shelley va très mal. 26. — Marie se lève aujourd'hui. Hogg appelle ; parler. Mary se retire à 6 heures.… Shelley a un spasme. Le 27, Shelley et Clara tournent autour d'un berceau. 28.—Marie descend les escaliers; allaite le bébé, lit *Corinne* et travaille. Shelley va consulter le Dr Pemberton. Le 1er mars, allaitez bébé, lisez *Corinne* et travaillez. Peacock et Hogg appellent ; restez jusqu'à onze heures et demie.

Le 2 mars, ils déménagent dans un nouveau logement. On ne sait pas si c'était au 26 Marchmont Street, d'où les lettres sont adressées en avril et mai. ou s'ils étaient dans un autre logement pendant l'intervalle. Cette décision précoce a probablement été préjudiciable à Mary et au bébé, car le 6 mars nous trouvons l'entrée : "Trouvez mon bébé mort. Envoyez chercher Hogg. Parlez. Une journée misérable."

Mary pense, parle et rêve de son petit bébé, et trouve que la lecture est le meilleur palliatif à son chagrin.

19 mars. — Rêvez que mon petit bébé revienne à la vie ; qu'il avait seulement fait froid, et qu'on l'a frotté devant le feu, et qu'il a vécu. Réveillez-vous pour ne trouver aucun bébé. Je pense à cette petite chose toute la journée. Pas de bonne humeur. Shelley va très mal.

20 mars. — Rêve encore à mon petit bébé.

Mme Godwin avait envoyé un cadeau de linge pour l'enfant, et Fanny Godwin répéta ses visites ; mais le petit bébé, qui aurait pu être un lien vers la paix avec les Godwin, s'est échappé d'un monde de chagrin où, malgré l'amour d'une mère, elle aurait pu plus tard être accueillie froidement.

Godwin se trouvait à cette époque dans la position anormale de communiquer avec Shelley sur ses affaires ; mais pour la raison même que Shelley lui prêtait ou lui donnait de l'argent, il sentait d'autant plus nécessaire de s'abstenir de relations amicales ou de voir sa fille – résultat curieux d'un raisonnement philosophique, qui ressemble davantage à la sagesse du monde.

A partir de ce moment, la compagnie de Claire devenait insupportable pour Mary et Shelley. Au moins pendant un certain temps, il était souhaitable de changer. Nous trouvons Mary très perplexe dans son journal par moments, comme le 11 mars elle écrit : « Parlez du départ de Clara ; rien n'est réglé. Je crains que ce soit désespéré. Elle n'ira pas à Skinner Street ; alors notre maison est le seul endroit qui reste. Je vois bien. Que faut-il faire ?

12 mars. — "Parlez beaucoup. Pas bien, mais mieux. Le matin très calme et heureuse, car Clara ne se lève qu'à quatre heures..." Le 14 mars encore : « La perspective apparaît plus sombre que jamais ; pas le moindre espoir. C'est en effet difficile à supporter.

À un moment donné, Godwin, Shelley et Mary ont essayé de convaincre Mme Knapp de l'emmener, mais elle a refusé. Claire essaya également de trouver une place comme compagne, mais cela échoua, jusqu'à ce qu'enfin leur vint la brillante idée de l'envoyer dans le Devonshire, sous prétexte qu'elle avait besoin de changer d'air ; et là, selon une lettre de Mme Godwin à Lady Mountcashell, elle fut placée chez une Mme Bicknall, la veuve d'un officier indien à la retraite. Deux autres entrées dans le journal de Mary, de cette époque, montrent avec quel sentiment de soulagement elle envisage le départ de l'amie de Shelley, comme elle appelle maintenant Claire. Notant que Shelley et son ami ont leur dernière conversation, le lendemain, le 13 mai, Shelley marche avec elle, et elle est partie ! et Marie commence « un nouveau journal avec notre régénération ».

Il y a une lettre de Claire à Fanny Godwin, du 28 mai, apparemment de Lynmouth, décrivant le paysage d'une manière très pittoresque et disant combien elle se réjouit de la paix et de la tranquillité du pays après le tumulte de passion et de haine qu'elle a traversé. à travers. Elle se dit également ravie que leur père ait reçu mille livres sterling - cela faisait évidemment partie de ce que Shelley s'était engagé à payer pour lui et était inclus dans la somme que Sir Timothy a payée pour ses dettes. Claire – ou Jane, comme on l'appelait encore dans Skinner Street – pensait que sa famille serait à l'aise pendant un mois ou deux.

Shelley et Mary aspiraient désormais au pays, et en réalité, leur expérience de huit mois à Londres avait été une période éprouvante, pour diverses raisons, mais rachetée par leur amour et leur conversation intellectuelle. Désormais, ils ne se sentaient plus gênés par des problèmes d'argent pressants et libérés du fardeau de la présence encore plus éprouvante de Claire, du moins pour Mary. En juin, nous les retrouvons ensemble à Torquay, et nous pouvons imaginer la joie du poète et de sa bien-aimée Marie dans leur première compagnie non partagée : les promenades tranquilles au bord de la mer et des falaises lors des longues soirées de juin, les couchers de soleil, la paix tranquille et intacte qui les entourait. Ils étaient capables de se donner des surnoms étranges, que personne ne pouvait ou n'avait besoin de comprendre – ce qui aurait semblé idiot en présence d'une tierce personne. C'était une époque où ils pouvaient vraiment se connaître sans réserve, où il n'y avait pas besoin de compétition jalouse pour savoir qui maîtrisait le mieux le grec ou le latin ; lorsque Shelley était attirée par la poésie et qu'*Alastor* était contemplé, dont la tension mélancolique semble indiquer que l'amour est le seul élément rédempteur de la vie, et qui pourrait bien suivre la période de troubles de la carrière de Shelley. Ce poème n'aurait-il pas pu être sa justification en montrant ce qu'il aurait pu devenir s'il n'avait pas suivi les diktats de son cœur ? "Pecksie" et "Elfin Knight" étaient les noms qui sont encore écrits à la fin du premier journal, se terminant par le départ de Claire. Mary a ajouté quelques reçus utiles pour une utilisation future. L'une est : « Une cuillerée à soupe d'esprit d'anis, avec une petite quantité de spermaceti ; » à quoi Shelley ajoute ce qui suit : « 9 gouttes de sang humain, 7 grains de poudre à canon, 1/2 once de cerveau putrifié, 13 vers de tombe écrasés – le baume funeste de Pecksie. La Maie et son chevalier elfe.

Nous retrouvons ensuite Mary à Clifton, le 27 juillet 1815, écrivant avec beaucoup de découragement d'être seule pendant que Shelley est à la recherche d'un logement dans le sud du Devon. Même si elle souhaite avoir sa propre maison, elle redoute le temps qu'il faudra à Shelley pour la trouver. Il devrait être avec elle le lendemain, jour anniversaire de leur voyage à Douvres ; sans lui, ce serait insupportable. Et puis le 4 août sera son anniversaire, date à laquelle ils doivent être ensemble. Ils pourraient aller à l'abbaye de Tintern. Si Shelley ne vient pas vers elle ou ne lui donne pas la permission de le rejoindre, elle partira le matin et sera avec lui avant la nuit pour lui remettre de sa propre main son cadeau. Et puis, Claire n'est-elle pas dans le nord du Devon ? Si Shelley lui a fait savoir où il se trouve, n'est-elle pas sûre de le rejoindre si elle pense qu'il est seul ? Pensée insupportable ! Comme le montre le professeur Dowden, Mary a dû être très vite rejointe par Shelley après cet appel touchant. Selon toute probabilité, une maison a été construite, mais dans une direction très opposée, avant la fin de la semaine, et le bail ou les arrangements ont été conclus le 3 août, car l'année suivante, il écrit de Genève à Langdill pour renoncer à la possession de sa maison. à Bishopsgate le 3 août 1816. Ainsi ici, loin du Devonshire, aux portes de la forêt de Windsor, près des repaires familiers de ses jours à Eton, nous retrouvons Shelley et Mary. Ici, Peacock n'était pas loin de Marlow, et Hogg pouvait arriver de Londres, et ici ils étaient à la portée de la rivière. Peu de temps s'écoula avant qu'ils soient tentés de revivre les délices des vacances sur la Tamise. Alors Mary et Shelley, avec Peacock et Charles Clairmont pour l'aider avec une rame, s'embarquèrent et remontèrent la rivière. Ils passèrent Reading et Oxford, serpentant à travers prairies et bois, jusqu'à arriver à Lechlade, à quatorze milles de la source de la Tamise, ils s'efforçaient encore d'aider le bateau à atteindre ce point si le bateau ne les aidait pas. Cela s'est avéré impossible. Au bout de trois milles, comme les vaches avaient pris possession du ruisseau qui ne couvrait que leurs sabots, le groupe dut forcément revenir, envisageant toujours de procéder par canal et par rivière, même jusqu'à la Clyde, le poète aspirant toujours à aller de l'avant. Mais cela, l'argent et la prudence l'interdisaient, car il fallait vingt livres pour passer le premier canal ; ils retournèrent donc dans leur agréable maison meublée de Bishopsgate. Au cours de ce voyage, Mary a vu les anciens quartiers de Shelley à Oxford, où ils ont passé une nuit, et ils ont dû s'attarder dans le cimetière de Lechlade, comme l'indiquent les doux vers qui y sont écrits. Shelley et Mary étaient maintenant installés pour la première fois dans leur propre maison : elle faisait des progrès rapides en latin, ayant terminé le cinquième livre de l'Énéide, à la grande satisfaction de Shelley, comme le raconte une lettre à Hogg. Hogg devait rester avec eux en octobre, et pendant ce temps, sous les tons verts de la forêt de Windsor, Shelley écrivait son *Alastor* et, comme sa femme le décrit dans son édition de ses poèmes, « La magnifique forêt était un lieu d'étude approprié. pour inspirer les diverses descriptions de paysages forestiers que nous trouvons dans le poème. Elle écrit:-

Aucun des poèmes de Shelley n'est plus caractéristique que celui-ci. L'esprit solennel qui existe partout, le culte de la majesté de la nature et les élevages du cœur d'un poète dans la solitude - le mélange de la joie exultante qu'inspirent les divers aspects de l'univers visible avec les douleurs tristes et éprouvantes que la passion humaine confère — donner un intérêt touchant à l'ensemble. La mort qu'il avait souvent contemplée au cours des derniers mois comme certaine et proche, il la représentait ici dans des couleurs qui, dans ses réflexions solitaires, avaient apaisé son âme jusqu'à la paix. La versification soutient l'esprit solennel qui respire partout ; c'est particulièrement mélodieux. Le poème doit être considéré plutôt comme didactique que narratif ; c'était l'effusion de ses propres émotions, incarnées dans la forme la plus pure qu'il pouvait concevoir, peintes dans les teintes idéales qu'inspirait sa brillante imagination et adoucies par l'anticipation récente de la mort.

La poésie était leur, la nature leur amour mutuel : la nature et deux ou trois amis, si l'on peut inclure le quaker, le Dr Pope, qui rendit visite à Shelley et souhaitait discuter de théologie avec lui, et lorsque Shelley dit qu'il craignait que ses opinions ne soient pas prises en compte. au goût du Docteur, répondit "J'aime t'entendre parler, ami Shelley. Je vois que tu es très profond." Mais au-delà de cela, tous les amis s'étaient séparés, et la conduite de Godwin semble certainement avoir été des plus extraordinaires. Il n'a pas hésité à causer des désagréments considérables à Shelley pour de l'argent, car peu de temps après que les mille livres aient été données, Shelley doit vendre une rente pour l'aider avec plus d'argent. Pourtant, pendant tout ce temps, Godwin traita Shelley et Mary avec une grande hauteur, à leur grand dam, sans toutefois que cela n'interfère avec le devoir qu'ils avaient envers Godwin en tant que père et philosophe. Ces soucis perpétuels contribuaient à les maintenir dans un état d'instabilité dans leur foyer. En raison peut-être de la perte du journal à cette époque, nous n'avons aucune information sur Harriet. Déjà en janvier, on découvre qu'il y a une idée de résider en Italie, soit pour des raisons de santé, soit à cause de la gêne qu'ils ressentent à cause de leur traitement général. Shelley avait le désir de sympathie du poète, et Mary a dû souffrir avec et pour lui, surtout lorsque son père, pour qui il a tant fait, le traitait avec une sévérité hautaine en guise de remerciement. Mary attribuait la conduite de Godwin à l'influence de sa femme, qu'elle n'aimait pas du tout à cette époque. Elle était réticente à reconnaître l'incohérence chez son père, qu'elle avait toujours vénéré. Godwin, de son côté, n'avait aucunement hâte que sa fille et Shelley partent pour l'Italie dans quelques semaines, comme Shelley le lui avait laissé entendre le plus possible le 16 février. On voit ainsi qu'un voyage sur le Continent était envisagé quelques mois avant le voyage à Genève. Cette idée est née après la naissance du premier fils de Mary, William, né le 24 janvier 1816, qui était destiné à faire seulement quelques années la joie de ses parents, puis à se reposer à Rome, où Shelley ne tarda pas à suivre lui.

Il ressort clairement du journal de Godwin que Claire a dû être en visite ou en communication directe avec Mary début janvier, comme le note Godwin « Écrivez à PBS pour inviter Jane » ; et il ne semble pas avoir été possible pour Shelley et Mary d'éprouver du ressentiment. Les faits de cette rencontre au début de l'année, et le fait que Mary et Shelley envisageaient un autre de leurs voyages agités à l'étranger, découlent certainement de la brusquerie de leur départ pour Genève en mai avec Claire Clairemont. Sans aucun doute,

Shelley était dans un état d'inquiétude et d'excitation à cette époque, et il a agi de manière à éveiller les doutes de Peacock quant à la raison de son voyage précipité. L'histoire de Williams de Tremadock apparaissant soudainement à Bishopsgate pour avertir Shelley que son père et son oncle étaient engagés dans un complot visant à l'enfermer, semble sans fondement. Mais quand, en plus de cette histoire, on considère celle de Claire, on comprend bien que, malgré l'amour de Shelley pour la sincérité et la vérité, les circonstances étaient trop fortes pour lui. À une époque où lui et Mary étaient évités par la société pour avoir ouvertement défié ses lois, ils pourraient bien se demander s'ils pouvaient se permettre d'admettre la nouvelle complication qui était apparue dans leur petit cercle. Claire, dans l'espoir de trouver un engagement théâtral, avait rendu visite à Lord Byron au Drury Lane Theatre, apparemment vers mars 1816, pendant la période pénible de sa rupture avec sa femme. Le résultat de cette connaissance est trop connu, et a été trop une source d'opprobre pour tous ceux qui y sont concernés, pour avoir besoin de beaucoup de commentaires ici, et ce n'est que dans la mesure où les faits affectent Marie que nous avons besoin d'y faire référence.

A cette époque, Byron était sur le point de quitter l'Angleterre, poursuivi, à juste titre ou injustement, par la haine de la foule britannique pour un poète qui osait se quereller avec sa femme et suivre les basses manières de certains des leaders de la mode dont il avait été l'ami. avec. Leur obscurité *les a mis à l'abri* de l'opprobre. Il était accompagné du jeune médecin, le Dr John Polidori, qui, d'une manière ou d'une autre, est passé pour un imbécile aux yeux des lecteurs de Byron ; Pourtant, il ne pouvait certainement pas être un imbécile au sens ordinaire du terme, car il avait obtenu des diplômes de médecin à un âge peut-être plus précoce qu'on ne l'avait jamais connu auparavant. Sa famille, une famille simple et très instruite (son père était italien et avait été secrétaire d'Alfieri), très soucieuse de poésie et de relations intellectuelles, se réjouissait à l'idée que le jeune médecin ait une telle ouverture sur sa carrière, comme sa sœur, mère de poètes, a raconté à l'écrivain. Il est vrai que cette courte période passionnante avec Byron a dû avoir un effet préjudiciable sur la carrière future du jeune médecin, même s'il a quand même réussi à susciter le profond intérêt d'Harriet Martineau à Norwich. On pourrait ajouter que son neveu, non seulement poète mais chef de file de la pensée poétique, était profondément mécontent des termes insultants dans lesquels Byron écrivait à propos de Polidori et, bien qu'il admirât profondément le génie de Byron, ne manquait pas de remarquer où se trouvait une faiblesse. de forme pourrait être trouvée dans son œuvre — telle est la nature humaine, ainsi est la justice poétique rendue. Cela pourrait sembler être une légère digression par rapport à notre sujet, si ce n'était du fait que lorsque Mary écrivit *Frankenstein* à Sécheron, comme l'un des contes d'horreur projetés par l'assemblée, ce n'était que l'histoire de John Polidori de *The Vampire* qui a été achevé avec *le Frankenstein de Mary* , *The Vampire* , publié anonymement, a d'abord été vanté partout sous l'idée qu'il était de Byron, et quand cette idée s'est avérée être une erreur, le conte a été méprisé en proportion, et son auteur avec lui. . Le fait est qu'en tant que conte d'horreur imaginatif, *Le Vampire tient sa place à côté du Frankenstein* de Mary , bien qu'il ne soit pas aussi pleinement développé en tant que performance littéraire ou en tant qu'invention.

Ainsi, à la veille du départ de Byron pour la Suisse, nous retrouvons Shelley et Mary envisageant un voyage avec Claire dans la même direction par un autre itinéraire, mais vers le même lieu et le même hôtel, préalablement fixés et engagés par Byron. Il pourrait certainement sembler que Shelley et Mary, confrontés à ce dilemme, ne se sentaient pas justifiés d'agir envers l'autre d'une manière contraire à leur propre conduite dans la vie. Selon toute vraisemblance, Claire confiait sa croyance dans l'attachement de Byron à elle-même, après que sa femme l'avait écarté, à Mary ou même à Shelley. Mary, aussi désagréable que puisse lui paraître le sujet, ne se permettrait peut-être pas de s'opposer à ce qui, d'après sa propre expérience, pourrait apparaître comme une perspective d'un règlement de la vie pour Claire, d'autant plus qu'elle doit profondément avoir se sentaient responsables de l'avoir incitée ou autorisée à les accompagner dans leur propre fugue. En fait, le sentiment de responsabilité dans cette affaire des plus éprouvantes pourrait, pour un esprit très imaginatif, presque évoquer l'invention d'un Frankenstein.

Nous retrouvons maintenant (3 mai 1816) Shelley, Mary et Claire à Douvres, toujours en voyage en Suisse. De Douvres, Shelley écrivit une aimable lettre à Godwin, expliquant les questions d'argent et promettant de faire tout ce qu'il pouvait pour l'aider. Ils passent par Paris, puis par Troyes, Dijon et Dôle, à travers la chaîne du Jura. Cette période est décrite graphiquement par Shelley dans les lettres annexées au *Six Weeks' Tour* ; le voyage et l'excursion de huit jours en Suisse. On y lit les terribles changements de la nature, les orages, dont l'un était plus imposant que tous les autres, illuminant les lacs et les forêts de pins de l'éclat le plus vif, et puis plus que l'obscurité avec le roulement du tonnerre. Ces lettres sont adressées à Peacock, mais nous n'y trouvons aucune référence à l'intimité qui se poursuit actuellement avec Byron ; comment il est arrivé à l'Hôtel Sécheron, ni leur déplacement à la Maison Chapuis pour échapper aux curieux Anglais.

Il n'y a heureusement plus aucune raison de se référer aux rumeurs véhiculées par les scandales, rumeurs qui ont sans doute précipité la rupture entre Byron et Claire ; bien que les mauvaises rumeurs, comme un incendie qui couve dans une cale, soient difficiles à éteindre, et, comme le montre M. Jeaffreson, les calomnies de cette époque furent ensuite un problème pour Shelley à Ravenne, en 1821, lorsque sa femme dut prendre son parti. Ces rumeurs furent à l'origine de certains poèmes, mais aussi, plus tard, d'histoires sur Byron. Tous les amoureux de Shelley doivent une profonde gratitude à M.

Jeaffreson, qui, bien que sévère à l'excès sur de nombreux défauts de son caractère (comme s'il considérait que les poètes devraient être presque surhumains en toutes choses), prouve néanmoins d'une manière si claire que les rumeurs sont totalement infondées, au point de dispenser tous les futurs biographes de se pencher sur le sujet. En même temps, il montre combien la présence de Claire a dû devenir désagréable pour Byron, qui espérait se réconcilier avec sa femme et qui naturellement interprétait la nouvelle obstination de sa part comme le résultat de nouvelles de plus en plus courantes. Quoi qu'il en soit, il est évident que Byron ne considérait pas Claire dans la lumière que Mary aurait pu espérer, à savoir qu'il la considérerait comme une épouse, prenant la place de celle qui l'avait quitté. Byron n'avait pas une idée aussi nouvelle de la nature d'une épouse, mais il acceptait seulement Claire lorsqu'elle se laissait prendre, avec en plus qu'il commençait à ne plus l'aimer intensément.

Ainsi, après que Shelley et Byron aient fait leur tour du lac de huit jours, à partir du 23 juin, non accompagnés de Mary et Claire, on retrouve un mois plus tard Shelley les emmenant faire un tour de huit jours à Chamouni, non accompagné de Byron. Shelley écrit chaque jour de cette tournée de longues lettres descriptives à Peacock, qui cherche pour eux une maison quelque part dans le quartier de Windsor. Ils reviennent le 28 juillet à Montalègre, où il parle de la collection de graines qu'il a réalisée et que Mary compte cultiver dans son jardin en Angleterre.

Pendant encore un mois, ces jeunes êtres agités profitent du calme de leur chaumière au bord du lac, près de la Villa Diodati, tandis que les poètes respirent de toutes parts la poésie et la donnent au monde en vers. Mary note les livres qu'ils lisent et leurs visites le soir à Diodati, où elle s'est habituée au son de la voix de Byron, avec celle de Shelley toujours en écho, car elle était trop impressionnée et timide pour parler beaucoup elle-même. Ces conversations lui firent ressentir, par la suite, en entendant la voix de Byron, un triste besoin de « le son d'une voix qui est tranquille ».

C'est au cours de ce séjour au bord du lac Suisse que Mary commença sa première tentative sérieuse de littérature. Shelley lui demandant chaque jour si elle avait trouvé une histoire, elle répondit « non » jusqu'au soir, après avoir écouté une conversation entre Byron et Shelley sur le principe de la vie - si elle serait découverte et si le pouvoir de communiquer la vie serait acquise — « peut-être qu'un cadavre pourrait être réanimé ; le galvanisme avait donné des signes de telles choses » — elle resta éveillée, et avec le bruit du lac et la vue du clair de lune brillant à travers les fentes des volets, se mêlèrent l'idée et la figure d'un étudiant engagé dans l'horrible travail de création d'un homme, jusqu'à ce qu'une telle horreur soit révélée qu'il a reculé de peur devant sa propre performance. Telle était l'idée originale de cette œuvre imaginative d'une jeune fille de dix-neuf ans, qui reste encore aujourd'hui parmi les œuvres de fiction les plus remarquables. *Frankenstein* était le résultat du projet mentionné plus haut d'écrire des contes d'horreur. Une nuit, alors qu'une pluie battante arrêtait la fête de Shelley à la Villa Diodati au-dessus d'un feu flamboyant, ils racontèrent d'étranges histoires, jusqu'à ce que Byron, conduisant à des idées poétiques, récite la scène de la sorcière de "Christabel", qui excita tellement l'imagination de Shelley qu'il poussa un cri, et j'ai couru hors de la pièce; et Polidori écrit qu'il l'a ramené à la vie en lui jetant de l'eau au visage. À sa résurrection, ils convinrent d'écrire chacun un conte surnaturel. Matthew Gregory Lewis, l'auteur de *The Monk* , qui s'est rendu à Diodati, les a aidés dans ces étranges fantaisies.

CHAPITRE VII.

"FRANKENSTEIN."

Qu'une œuvre d'une jeune fille de dix-neuf ans ait pu tenir si longtemps sa place dans la littérature romantique n'est pas un mince hommage à son mérite ; cette œuvre, réalisée sous l'influence de Byron et Shelley, et conçue après avoir bu leur passionnante conversation, n'est pas indigne de son origine. On pourrait difficilement concevoir une histoire plus fantastiquement horrible ; en fait, l'imagination débordante, empilant horreur impossible sur horreur, semble revendiquer pour le livre une place en compagnie d'un Poe ou d'un Hoffmann. Sa faiblesse semble être de placer une telle idée dans les annales de la vie moderne ; un tel procédé affaiblit invariablement ces puissantes idées imaginatives, enlève à la vérité apparente, au lieu de l'ajouter, et ne peut manquer de donner une affectation à l'œuvre. Certes, cela pourrait ajouter à la difficulté d'imaginer un état différent de la société, passé ou futur, mais cela semble une condition *sine qua non* . L'histoire de *Frankenstein* commence par une série de lettres d'un jeune homme, Robert Walton, écrivant à sa sœur, Mme Saville en Angleterre, depuis Saint-Pétersbourg, où il s'apprête à embarquer pour un voyage à la recherche du pôle Nord. Il est déterminé à découvrir le secret de l'aimant et se laisse tromper par l'espoir d'un soleil *jamais* absent. Lorsqu'il s'est avancé à une certaine distance vers son but tant désiré, Walton raconte une aventure des plus étranges qui leur arrive au milieu des régions de glace : un être gigantesque, de forme humaine, tiré sur la glace dans un traîneau par des chiens. Peu d'heures après cet étrange spectacle, on découvrit à nouveau un autre homme dans un autre traîneau, avec à son bord un seul chien vivant : cette fois, il s'agissait d'un Européen que les marins essayaient de persuader de monter à bord de leur navire. En voyant Walton, l'étranger, parlant anglais, il demanda où ils allaient avant de consentir à monter à bord du navire. Cela provoqua naturellement une excitation intense, car l'homme, réduit à l'état de squelette, semblait n'avoir que peu de temps à vivre. Cependant, en apprenant que le navire faisait route vers le nord, il consentit à y entrer, et avec beaucoup de soin il fut restauré pour le moment. En réponse à une question quant à son objectif en s'exposant ainsi, il répondit : « Chercher quelqu'un qui m'a fui. » Une affection naît et grandit entre Walton et l'étranger, jusqu'à ce que ce dernier promet de raconter sa triste et étrange histoire, dont il avait jusqu'alors prévu qu'elle meure avec lui.

Ce début conduit à ce que l'histoire soit racontée sous la forme (qui aurait pu être avantageusement évitée) d'un long récit par le mourant. L'étranger se décrit comme issu d'une famille genevoise de haute distinction et donne un récit intéressant de son père et de son entourage juvénile, dont une camarade de jeu, Elizabeth Lavenga, que l'on rencontre bien plus tard dans son histoire. Toutes ses études sont poursuivies avec enthousiasme, jusqu'à ce que, tombant sur les travaux de Cornelius Agrippa, il soit entraîné avec enthousiasme dans les idées de la philosophie expérimentale ; une remarque passagère de « trash » de la part de son père, qui n'explique pas la différence entre la science passée et la science moderne, ne suffit pas à le dissuader et à empêcher la conséquence fatale de l'étude dans laquelle il persiste, et ainsi un élève d'Albert le Grand apparaît dans le XVIIIe siècle. Les effets d'un orage, décrits parmi ceux dont Mary avait récemment été témoin, le décidèrent dans sa résolution, car l'électricité était désormais le but de ses recherches. Après avoir passé sa jeunesse dans son heureux foyer suisse avec ses parents et amis chers, à la mort de sa mère bien-aimée, il entre à l'Université d'Ingolstadt. Ici, il est très réprimandé par les professeurs pour ses études inutiles, jusqu'à ce que l'un d'eux, un certain M. Waldeman, sympathise avec lui et explique comment Cornelius Agrippa et d'autres, bien que leurs études n'aient pas apporté les fruits immédiats qu'ils espéraient, ont néanmoins contribué à la science dans d'autres directions, et il conseille à Frankenstein de poursuivre ses études en philosophie naturelle, y compris les mathématiques. Le résultat de ce conseil est qu'il passe deux années dans une étude et une réflexion intenses, jusqu'à ce qu'il devienne maigre et d'apparence hagarde. Il envisage de visiter sa maison, quand, faisant une nouvelle expérience, il découvre qu'il a découvert le principe de la vie ; cela le dépasse tellement pendant un temps que, inconscient de tout le reste, il est déterminé à utiliser sa découverte. Après de nombreuses réflexions perplexes, il décide de créer un être supérieur à l'homme, afin que les générations futures le bénissent. Il lui faut d'abord, à l'aide de la chimie, construire la forme à animer. La tombe doit être fouillée dans cette tentative, et Frankenstein décrit avec répugnance certains détails de son œuvre et montre le danger de surmener l'esprit dans une seule direction - comment les vertueux deviennent vicieux et comment la vertu elle-même, poussée à l'excès. , tombe dans le vice.

La forme est créée dans la peur nerveuse et la fièvre. Frankenstein étant le savant idéal, dépourvu de tout sentiment pour l'art (dont les idées en matière d'art pourraient d'ailleurs se limiter à l'élévation et à la section d'un pot), sans aucun idéal de proportion ou de beauté, il en arrive au point où il ne considère plus que le infusion de vie nécessaire. Tout est prêt, et dès la première heure du matin il applique sa fatale découverte. Le souffle est donné, les membres bougent, les yeux s'ouvrent, et l'être colossal ou monstre, comme on l'appelle désormais, s'anime ; bien que copié sur des statues, sa taille effrayante, son teint terrible et sa peau tirée, cachant à peine les artères et les muscles en dessous, ajoutent à l'horreur de l'expression. Et c'est la fin de deux années de travail pour Frankenstein horrifié. Accablé par le dégoût, il ne peut que se précipiter hors de la chambre, et finit par tomber épuisé sur son lit, pour se réveiller et trouver son monstre qui lui sourit. Il court dans la rue, et ici, dans la première œuvre de Mary, nous avons une réminiscence de ses propres jours d'enfance, quand elle et Claire se cachaient sous le canapé pour entendre

Coleridge lire son poème, car la strophe suivante de l' *Ancien Mariner* pourrait semblent presque la note clé de *Frankenstein* :—

Comme quelqu'un qui, sur un chemin solitaire,
marche dans la crainte et l'effroi,
et, après s'être retourné, continue son chemin
et ne tourne plus la tête, parce qu'il sait qu'un démon effrayant marche
derrière lui.

Frankenstein se dépêche, mais retrouvant son vieil ami Henri Clerval aux commandes de la diligence, il se souvient de son père, Elizabeth, de son ancienne vie et de ses amis. Il retourne dans ses chambres avec son ami. Atteignant sa porte, il tremble, mais en l'ouvrant, il se retrouve délivré de son démon qu'il s'est lui-même créé. Sa frénésie de joie étant attribuée à la folie du surmenage, Clerval incite Frankenstein à abandonner ses études et, finalement (après avoir enduré pendant des mois une terrible maladie), à l'accompagner dans son village natal. Divers retards se produisant, ils sont arrêtés trop tard dans l'année pour emprunter les routes dangereuses pour rentrer chez eux.

La santé et la tranquillité d'esprit étant revenues dans une certaine mesure, Frankenstein est sur le point de reprendre son voyage de retour, lorsqu'une lettre arrive de son père avec la fatale nouvelle de la mort mystérieuse de son jeune frère. Cet événement hâte encore son retour et donne à son esprit une nouvelle tournure sombre ; non seulement son petit frère bien-aimé est mort, mais cet événement extraordinaire laisse entrevoir une puissance inconnue. A partir de ce moment, la vie de Frankenstein n'est plus qu'une agonie. L'un après l'autre, tous ceux qu'il aime deviennent victimes du démon qu'il a créé ; il n'est jamais à l'abri de sa présence ; dans une tempête sur les Alpes, il le rencontre ; dans les meurtres effroyables qui anéantissent sa famille, il reconnaît toujours sa main. À une occasion, sa création souhaita faire une trêve et s'entendre avec son créateur. Ceci, après que sa trahison la plus effrayante ait amené l'innocent à être condamné comme auteur de ses actes effrayants. Lors de sa rencontre avec Frankenstein, il raconte l'histoire la plus pathétique de sa perte de sympathie pour l'humanité : comment, après avoir sauvé la vie d'une jeune fille de la noyade, il est abattu par un jeune homme qui se précipite et la sauve de lui. Il est devenu le bienfaiteur inconnu d'une famille pendant un certain temps en effectuant les durs travaux ménagers pendant leur sommeil. Réfugié dans une masure attenante à un coin de leur chaumière, il entend leur histoire pathétique et romanesque, et apprend aussi le langage et les mœurs des hommes ; mais lorsqu'il veut faire connaissance, la famille est si horrifiée de son apparition que les femmes s'évanouissent, les hommes le chassent à coups, et toute la famille quitte un quartier, théâtre d'une telle apparition. Après ces expériences, il riposte, jusqu'à ce qu'il rencontre Frankenstein, il propose ces termes : que Frankenstein créera un autre être aussi repoussant que lui pour être son compagnon – en fait, il désire une femme aussi hideuse que lui. Telles étaient les conditions, et la vie de tous ceux qui étaient les plus chers à Frankenstein était en jeu ; il hésita longtemps, mais finit par consentir.

Il fallait désormais tout mettre de côté pour accomplir cette tâche redoutable : son amour pour Elisabeth, les supplications de son père pour qu'il l'épouse, ses espoirs, ses ambitions, restaient vains. Pour sauver ceux qui restent, il doit se consacrer à son œuvre. Pour réaliser son objectif, il exprime le souhait de visiter l'Angleterre et, avec son ami Clerval, descend le Rhin, qui est décrit avec les connaissances acquises lors du propre voyage de Mary, et le même itinéraire est suivi par celui qu'elle, Shelley et Claire avaient suivi. traversé la Hollande, s'embarquant pour l'Angleterre depuis Rotterdam, et atteignant de là la Tamise. Après avoir traversé Londres et Oxford et divers lieux d'intérêt, il exprime le désir de rester un moment dans la solitude et choisit une île isolée des Orcades, où une cabane inhabitée répond au but de son laboratoire. Ici, il travaille sans être inquiété jusqu'à ce que sa terrible tâche soit presque accomplie, lorsqu'une crainte et une répugnance s'emparent de son âme face au résultat possible de cette seconde réalisation. Bien que le démon déjà créé ait juré d'abandonner les repaires de l'homme et de vivre dans un pays désertique avec sa compagne, quelle emprise aura-t-il sur ce second être doté d'une individualité et d'une volonté qui lui sont propres ? Quelles pourraient être les conséquences futures pour l'humanité de l'existence de tels monstres ? Il prend la résolution d'abandonner son travail redouté, et à ce moment-là, elle est confirmée par la vue de son monstre qui lui sourit à travers la fenêtre de la cabane au clair de lune. Pas un instant n'est perdu. Il déchire membre après membre son travail qui vient de terminer. Le monstre disparaît de rage, pour revenir menacer de se venger éternellement de lui et des siens ; mais le temps de la faiblesse est passé ; Il vaut mieux affronter les maux qui pourraient l'attendre, même pour ceux qu'il aime, plutôt que de laisser une malédiction à l'humanité. A partir de ce moment-là, il n'y a plus de trêve. Clerval est assassiné et Frankenstein est saisi comme meurtrier, mais avec un répit pour un sort pire ; il est marié à Elizabeth et elle est étranglée en quelques heures. Poussé au bord de la folie par tous ces événements, et voyant son père bien-aimé réduit à l'imbécillité par leurs malheurs, il ne peut faire croire à personne son histoire d'auto-accusation ; et s'ils le faisaient, à quoi servirait-il de poursuivre un être capable d'escalader les Alpes, de vivre parmi les glaciers et de traverser des mers insondables ? Il ne reste plus qu'une poursuite jusqu'à la mort, seul, où l'un peut expirer et l'autre être apaisé – en avant, avec une vue trompeuse de temps en temps de son démon vengeur. Ce n'est que dans le sommeil et les rêves que Frankenstein parvint à oublier la torture qu'il s'était imposée, car il revivait avec ceux qu'il avait aimés ; il a enduré la vie dans sa quête en imaginant ses heures d'éveil comme un rêve horrible et en aspirant à la nuit, où le sommeil devrait lui apporter la vie.

Quand les espoirs de rencontrer son démon s'évanouissaient, quelque nouvelle trace apparaissait pour le conduire à travers des pays habités et inhabités ; il le traque jusqu'au bord des glaces éternelles, et même là, il procure un traîneau aux habitants misérables et horrifiés de la dernière demeure des hommes pour poursuivre le monstre, qui, sur un véhicule similaire, était parti, à leur plus grand plaisir. En avant, en avant, sur la glace éternelle, ils passent, poursuivis et poursuivants, jusqu'à ce qu'ils perdent presque conscience et que Frankenstein soit sauvé par ceux à qui il raconte maintenant son histoire ; tout sauf son fatal secret scientifique, qui doit mourir avec lui sous peu, car la fin ne peut être loin.

L'histoire est racontée ; et l'ami - car il éprouve la plus grande sympathie pour les tortures de Frankenstein - ne peut que tenter d'apaiser ses derniers jours ou heures, car lui aussi sent que la fin doit être proche ; mais en raison de cette crise dans l'existence de Frankenstein, l'expédition ne peut pas se diriger vers le nord, car l'équipage se mutine pour revenir. Frankenstein décide de procéder seul ; mais ses forces déclinent et Walton prévoit sa mort prématurée. Mais cela ne doit pas se passer sans heurts, car le démon n'est pas d'humeur à ce que son créateur échappe à son emprise sans être inquiété. Maintenant le moment est venu, et, pendant une absence momentanée, Walton est surpris par des bruits effrayants, puis, dans la cabine de son ami mourant, un spectacle à effrayer les plus courageux ; car le démon mène une lutte à mort contre lui – alors tout est fini. Certains derniers discours du démon à Walton expliquent son acte et son intention actuelle de s'immoler, car il a maintenant apaisé sa soif de se venger de son existence. Puis il disparaît sur la glace pour accomplir cette dernière tâche.

Il y a sûrement assez d'imagination bizarre pour ce sujet. Mary, dans cet ouvrage, n'avait pas seulement l'intention de dépeindre l'horreur d'un tel monstre, mais elle souhaitait évidemment aussi montrer à quoi un être, sans naturellement de mauvais penchants, pouvait sombrer sous l'influence d'une fausse position : l'éducation du naturel de Rousseau. que l'homme ne soit pas ici, c'est possible.

Quelques points faibles, quelques incongruités, il serait déraisonnable de ne pas s'y attendre. On peut se demander si la lumière *éternelle* attendue au pôle Nord, s'il s'agit du soleil, était une mauvaise compréhension de l'auteur ou une application shelleyenne du mot éternel (tel qu'il l'appliquait à certaines amitiés ou à la durée de résidence dans les maisons). La question de la forme du récit a déjà été évoquée. La difficulté d'une telle méthode est étrangement illustrée dans les longues lettres que Frankenstein cite à son ami mourant, et qu'il n'aurait pas pu emporter avec lui dans sa poursuite mortelle. La facilité d'écriture de Mary était grande, et après avoir visité certains des endroits les plus intéressants du monde, avec certaines des personnes les plus intéressantes, elle est sauvée de la morne monotonie des ennuyeux. Ses idées aussi, bien que parfois affectées, sont authentiques et non le résultat d'une faiblesse à la mode pour plaire à une foi passagère ou à une superstition, qui ne devrait jamais être la *raison d'être* d'un roman, même s'il peut s'agir d'une satire ou d'un roman. sermon.

Le dernier passage du livre est peut-être le plus faible. Ce n'est guère le point culminant, mais plutôt un anticlimax. La fin de Frankenstein est bien conçue, mais celle du Démon échoue. Il est ridicule de concevoir quelqu'un, démon ou humain, ayant mis fin à sa vengeance, fuyant sur la glace pour se brûler sur un bûcher funéraire où aucun combustible ne pouvait être trouvé. Les tortures du gouffre le plus bas de l'Enfer de Dante auraient sûrement pu suffire pour l'occasion. La jeunesse de l'auteur de ce roman remarquable a soulevé la comparaison entre celui-ci et le premier ouvrage d'un romancier encore plus jeune, l'auteur de *Gabriel Denver*, écrit à dix-sept ans, décédé avant d'avoir accompli sa vingtième année.

Alors que cette romance se préparait pendant la dernière partie du séjour du groupe Shelley en Suisse, après leur retour de Chamouni, le journal nous donne une charmante idée de leur vie dans leur chaumière de Montalègre. Nous avons les livres qu'ils lisent, comme d'habitude ; et Mary, tout autant que Shelley, a bien fait d'utiliser ce moment heureux de lecture de la vie : la jeunesse. Les auteurs latins lus par Shelley ont également été étudiés par Mary. Nous la trouvons en train de lire « Quintus Curtius », dix et douze pages à la fois ; également le jour de l'anniversaire de Shelley, le 4 août, elle lui lit le quatrième livre de Virgile, alors qu'elle était dans un bateau avec lui sur le lac. On n'oublie pas non plus le ballon de feu, que Marie avait confectionné deux ou trois jours à l'avance pour l'occasion. Ils rendaient généralement visite à Diodati le soir, après le dîner, même si de temps en temps Shelley dînait avec Byron et l'accompagnait dans son bateau. À une occasion, Mary écrivit : « Shelley et Claire montent à Diodati ; je ne le fais pas, car Lord Byron ne semble pas le souhaiter. » Rousseau, Voltaire et d'autres auteurs font passer le temps, jusqu'à ce que leur moral soit refroidi par une lettre arrivant de l'avocat de Shelley, exigeant son retour en Angleterre. Pendant son séjour en Suisse, Mary a reçu des lettres de Fanny, sa demi-sœur ; ces lettres sont intéressantes, montrant une disposition douce et douce, très affectueuse envers Shelley et Mary. Une lettre pose à Mary des questions sur Lord Byron. Il y a aussi des détails sur l'état malheureux des finances de Godwin, qui semblait dans un état perpétuel d'avoir besoin de trois cents livres. Fanny écrit aussi, le 29 juillet 1816, qu'elle n'était pas bien, étant dans un état d'esprit qui maintient toujours son corps en fièvre, sa vie solitaire, après le départ de sa sœur, avec toutes les angoisses d'argent, et sa propre vie. la dépendance, pesait évidemment sur son esprit et conduisait à un état de découragement, bien que ses lettres donnaient à peine l'idée d'une tragédie imminente. Elle écrit à Shelley et Mary que Mme Godwin maman qu'elle appelle — lui dit qu'elle est la risée de Mary et Shelley et le « phare constant de leur satire ». Elle montre beaucoup d'affection pour le petit William, ainsi que pour ses parents ; mais il n'y a certainement aucun mot dans ces lettres qui témoigne de plus qu'un sentiment fraternel et amical ; aucun mot témoignant de la jalousie ou de l'envie. Claire a ensuite allégué que Fanny était amoureuse de Shelley. M. Kegan Paul affirme le contraire avec la plus grande force. Il n'est pas facile de concevoir comment l'un ou l'autre aurait pu en être sûr. Même les beaux vers que Shelley a écrits à sa mémoire n'indiquent aucune raison particulière de sa tristesse, en ce qui le concerne.

Sa voix a tremblé lorsque nous nous sommes séparés,
mais je ne savais pas que le cœur d'où il venait était brisé, et je suis parti,
sans tenir compte des paroles prononcées alors.
Misère, oh misère !
Ce monde est trop vaste pour toi.

De ces lignes, nous voyons que Fanny était dans un état d'esprit très déprimé lorsque sa sœur quitta l'Angleterre pour sa deuxième tournée continentale en 1816. Deux ans après le moment où Mary avait quitté sa maison pour la première fois, il ne semble pas probable que Shelley était la cause, ou plutôt la cause indirecte de la tristesse de Fanny. Elle se sentait généralement inutile et inutile dans le monde, et cette idée l'alourdissait.

CHAPITRE VIII.

RETOUR EN ANGLETERRE.

En quittant le lac Léman, le 28 août, sans avoir rien accompli d'un règlement pour Claire, mais avec d'agréables réminiscences des environs de Rousseau et de la grandeur des Alpes, les trois hommes revinrent vers l'Angleterre par Dijon, et de là par un itinéraire différent de celui par lequel ils étaient partis, revenant par Rouvray, Auxerre, Fontainebleau et Versailles. Ici, Mary et Shelley ont visité le palais et la ville, qu'elle revisiterait quelques années plus tard dans des circonstances bien différentes. Les voyages, à une époque si différente de celle d'aujourd'hui, où l'on peut traverser l'Europe sans être examinée, leur permettaient de connaître les villes qu'ils traversaient. Rouen fut visité ; mais pour une raison quelconque, ils furent déçus par la cathédrale. Du Havre, ils s'embarquèrent pour Portsmouth, quand, comme d'habitude, ils rencontrèrent un passage orageux de vingt-sept heures. Cela a dû être un voyage éprouvant pour eux à plus d'un titre, car s'il y avait la moindre incertitude quant à la position de Claire au moment de quitter l'Angleterre, Mary ne pouvait plus avoir de doute. En arrivant en Angleterre, elle se rendit, avec Claire et son petit William, avec sa nourrice suisse Elise, à Bath, où Claire passa sous le nom de Mme Clairemont. Shelley s'est adressée à elle ainsi au 5 Abbey Churchyard, Bath. Pendant ce temps, Shelley était de nouveau à la recherche d'un logement, tout en restant avec Peacock sur les rives de la Tamise ; et Mary rendit visite à Peacock en même temps, laissant le petit William aux soins d'Elise et Claire à Bath. De là, Claire écrit à Mary sur les manières de bébé de "Itty Babe", et comment elle et Elise étaient intriguées et intriguées par les petites chemises de nuit, ou, citant Albè, comme elles appelaient Byron (il a été suggéré une condensation de LB), "ils ont réfléchi et dorloté" sans effet. Claire a certainement fait de son mieux pour prendre soin du bébé, en sortant avec lui, etc.

Maintenant, les trois cents livres écrites par Fanny arrivaient à échéance. Mary a également dû être gardée dans une grande appréhension, comme le montre une lettre de Shelley à Godwin, datée du 2 octobre 1816, indiquant que l'argent n'était pas disponible, comme espéré. Ainsi, l'or fatal du Rhin contribue à nouveau à une tragédie que les romantiques préfèrent imputer à une cause encore plus funeste ; car, peu de temps après le 2, le 10 octobre, nous trouvons Fanny déjà à Bristol, écrivant à Godwin qu'elle est sur le point de partir immédiatement pour l'endroit d'où elle espère ne jamais revenir. Le 3 octobre, il y a une longue lettre d'elle à Mary, écrite juste après que la lettre de Shelley soit parvenue à Godwin, alors qu'elle en avait lu le contenu sur le visage de Godwin pendant qu'il la parcourait. Sa lettre est très clairvoyante, noble et résolue ; elle se plaint de la façon dont Mary exagère le ressentiment de Mme Godwin envers elle-mëme, expliquant que quoi que Mme Godwin puisse dire dans les moments d'extrême irritation envers elle, elle est tout à fait incapable de tirer le meilleur parti du comportement de Mary envers les autres. Elle montre à Mary sa propre insouciance en laissant des lettres à lire aux domestiques, de sorte qu'eux et Harriet diffusent les rapports dont elle se plaint plutôt que Mme Godwin. Elle raconte comment elle a essayé de convaincre Shelley qu'il ne devrait garder que des domestiques français, et elle s'efforce de persuader Mary combien il est important qu'ils empêchent les mauvaises nouvelles d'arriver à Godwin de manière à provoquer un choc soudain, car il est si sensible. . Elle a percé certains subterfuges de Shelley et a écrit d'une manière calme et affectueuse, essayant de tout arranger, avec une merveilleuse clarté de vision ; pour tout le monde sauf elle-même – pour elle, il n'y avait d'autre issue que le désespoir, d'autre repos que la tombe ; elle, la plus altruiste, était inutile : il ne lui restait plus qu'à se frayer un chemin jusqu'à la tombe. Non pas pour elle-même, mais pour les autres, elle réussit à mourir là où elle était inconnue, se rendant à cet effet à Swansea, où il ne lui restait que quelques shillings et une petite montre que Mary lui avait apportée de Genève. Elle a écrit d'elle-même dans une lettre qu'elle a laissée, qui ne compromettait personne et n'indiquait pas qui elle était, comme une personne dont la naissance était malheureuse, mais dont l'existence serait bientôt oubliée. Pauvre Fanny ! N'est-il pas plutôt probable qu'on se souvienne d'elle comme d'une forme d'abnégation ? Certes, elle n'était pas de nature à provoquer un instant de jalousie chez sa sœur, même si sa mort avait suscité l'une des paroles les plus douces de Shelley.

Il n'y avait rien à faire. Godwin fit une brève visite sur les lieux et constata que tout était trop vrai. La porte qu'il avait fallu forcer, la bouteille de laudanum et sa lettre disaient tout ce qu'il fallait savoir. Shelley s'est rendu à Bristol pour obtenir des informations ; mais il ne servait à rien de faire de la publicité à ce nouveau chagrin de famille : la discrétion était la seule sympathie qu'on pût témoigner. Mary a acheté le deuil et y a travaillé. Claire enviait pour elle le repos de Fanny ; mais la vie devait continuer, en attendant de nouveaux événements.

Le travail était la grande ressource. Mary était en train d'écrire son *Frankenstein*. Elle persista avec la plus grande force dans l'emploi intellectuel, comme la pauvre Fanny l'écrivait à Mary le 26 septembre : « Je ne peux m'empêcher d'envier votre caractère calme et satisfait, et les calmes habitudes de vie philosophiques qui vous poursuivent, ou plutôt que vous poursuivez. partout ; je fais allusion à votre description de la manière dont vous passez vos journées à Bath, alors que la plupart des femmes se seraient à peine remises des fatigues d'un tel voyage que vous aviez fait.

C'est en effet la note dominante du caractère de Mary, qui, de nature sensible et réservée, lui a permis de traverser avec sérénité les moments orageux de sa vie.

Mary a eu la compagnie de Shelley jusqu'en novembre, mais début décembre, elle écrit à Shelley, qui reste à nouveau chez Peacock à la recherche d'un logement. Marie lui dit ce qu'elle aimerait : « Une maison (avec une pelouse) près d'une rivière ou d'un lac, d'arbres nobles ou de montagnes divines » ; mais elle serait contente si Shelley lui donnait « un jardin et Claire par contumace ». C'est très différent de sa façon de penser à Fanny, qui, dit-elle, aurait pu avoir désormais un foyer avec elle. Cette expression apparaît dans une lettre à Shelley alors qu'elle était sur le point de l'épouser et qu'elle aurait pu avoir Fanny avec elle. Mary parle également de ses cours de dessin et de la façon dont (Dieu merci !) elle a terminé « ce tableau ennuyeux et laid » sur lequel elle travaillait depuis si longtemps. Cela montre cette terrible façon d'enseigner l'art, en accoutumant ses étudiants à la laideur et à la vulgarité, jusqu'à ce que l'art lui-même devienne une quantité inconnue. Mary raconte également, ce qui est plus intéressant, qu'elle a terminé le quatrième chapitre, très long, de son *Frankenstein*, qui, selon elle, plaira à Shelley. Elle souhaite son retour. Le 13 décembre, Mary reçoit une lettre de Shelley, qui est avec Leigh Hunt. Le 15 décembre 1816, il est de retour avec Mary à Bath, lorsqu'une lettre de Hookham, à qui Shelley avait demandé d'obtenir des informations sur Harriet pour lui, apporta une nouvelle fatale - car Harriet s'était maintenant suicidée et avait été retrouvée. noyé dans la Serpentine. Inconnue, elle s'appelait Harriet Smith ; sans soins, elle était allée dans sa tombe sous l'eau — mal-aimée, la charmante Harriet ne se souciait pas de vivre. Ce qui a pu arriver, ce n'est pas pour ceux qui n'ont pas été tentés de le remettre en question ; de cause à effet, ce n'est pas à nous de juger ; mais que son souvenir devait être une ombre obsédante pour Shelley et pour Mary, personne ne voudrait les penser assez sans cœur pour le nier. Les belles « Lignes », sans nom apposé, doivent sûrement être le chant funèbre du sort d'Harriet et de l'échec de la vie de Shelley : -

La terre froide dormait en bas ;
Au-dessus, le ciel froid brillait ; Et tout autour Avec un son glaçant, Des grottes de glace et des champs de neige, Le souffle de la nuit coulait comme la mort Sous la lune descendante.

La haie hivernale était noire ;
L'herbe verte n'a pas été vue ; Les oiseaux se reposaient sur la poitrine nue de l'épine, dont les racines, au bord du sentier, avaient noué leurs plis sur maintes fissures que le gel avait creusées entre elles.

Tes yeux brillaient dans l'éclat
de la lumière mourante de la lune. Comme le rayon d'un feu de marais Sur un ruisseau lent Brille faiblement, ainsi la lune brillait là ;
Et il jaunissait les mèches de tes cheveux emmêlés,
Qui tremblaient au vent de la nuit.

La lune a fait pâlir tes lèvres, bien-aimée ;
Le vent a glacé ton sein : La nuit a répandu sur ta chère tête sa rosée glacée,
et tu es couché là où le souffle amer du ciel nu pourrait te visiter à volonté.

Ces lignes sont datées de 1815 par Mary dans son édition, mais elle dit qu'elle
ne peut pas répondre de l'exactitude de toutes les dates des poèmes mineurs.

La mort d'Harriet était forcément rapidement suivie du mariage de Shelley et
Mary. Les opinions les plus saines se sont répandues quant à l'opportunité
d'un mariage précoce ou de reporter la cérémonie d'un an après la mort
d'Harriet ; tous étaient d'accord que le mariage devait avoir lieu sans délai, et
il fut fixé au 30 décembre 1816, à l'église St. Mildred de la ville, où Godwin
et sa femme étaient présents, à leur grande satisfaction, comme le décrit
Shelley à Claire. Mary note ainsi son mariage dans son journal : « J'ai omis
d'écrire mon journal depuis un certain temps. Shelley va à Londres et revient
; je l'accompagne ; je passe du temps entre chez Leigh Hunt et Godwin. Un
mariage a lieu le 30 décembre. 1816. Dessinez. Lisez Lord Chesterfield et
Locke.

A peine le mariage était-il terminé que leur seule préoccupation était de
retourner à Bath ; car désormais l'heure du procès de Claire approchait, et le
13 janvier naissait une petite fille, peu destinée à rester longtemps dans un
monde si triste pour certains. La petite Allegra, une enfant d'une rare beauté,
fut accueillie par Shelley et Mary avec toute la bienveillance dont elles étaient
capables, et le devoir de Byron envers son enfant incombait, du moins pour
le moment, à Shelley.

Pendant cette période, la principale préoccupation de Shelley et de Mary était
d'accueillir et de prendre soin des petits enfants laissés par la pauvre Harriet.
Ils avaient été placés, avant sa mort, sous la garde d'un ecclésiastique qui
tenait une école à Warwick, le révérend John Kendall, vicaire de Budbrooke.
Shelley avait espéré que son mariage avec Mary éliminerait toutes les
difficultés, et Mary attendait d'accueillir Ianthe et Charles ; mais dans cette
affaire, ils étaient voués à la déception.

Le 8 janvier, un projet de loi a été déposé devant la Cour de Chancellerie, de
la part des enfants Charles et Ianthe Shelley, John Westbrook, leur grand-
père maternel, agissant en leur nom, priant pour qu'ils ne soient pas confiés
aux soins de leur père, Percy Bysshe Shelley, qui avait abandonné leur mère ;
qui était l'auteur de *Queen Mab* et un athée déclaré, qui a écrit contre
l'institution du mariage et qui avait vécu illégalement avec une femme
qu'Eliza Westbrook (comme Shelley lui avait écrit) pouvait excusablement
considérer comme la cause de la mort de sa sœur. ruine. Shelley a déposé sa
réponse le 18, niant l'abandon de sa femme, car elle et lui s'étaient séparés
d'un commun accord, pour diverses causes. Il avait souhaité que ses enfants
se séparent d'elle, mais les avait laissés avec elle à sa demande pressante. Il lui

avait donné deux cents livres pour payer ses dettes, ainsi qu'une allocation équivalant à un cinquième de ses revenus. Quant à ses opinions théologiques, il comprend qu'elles sont abandonnées car non applicables au cas d'espèce. Ses opinions sur le mariage, affirmait-il, étaient uniquement conformes aux idées de certains des plus grands penseurs selon lesquelles le divorce devrait être possible sous diverses conditions.

Lord Eldon rendit son jugement le 27 mars 1817. En quinze paragraphes soigneusement rédigés, il exposa les raisons pour lesquelles Shelley avait été privé de ses enfants. Il insiste à travers tout cela sur le fait que ce sont les opinions avouées et publiées de Shelley, dans la mesure où elles ont affecté sa *conduite* dans la vie, qui l'ont inapte à être le tuteur de ses enfants.

Le libellé de certains passages a causé une grave inquiétude à Shelley et Mary (comme le montrent leurs lettres) quant à savoir s'ils seraient privés de leurs propres enfants ; et ils étaient prêts à tout abandonner, leurs propriétés, leur pays, tout, et à s'enfuir avec les enfants. Le poème « To William » a été écrit à partir de ce malentendu, bien que lorsqu'il quitta l'Angleterre en 1818, la principale raison de Shelley, telle qu'elle est donnée dans sa lettre à Godwin, était sa santé. Sans doute le jugement et toutes les circonstances difficiles qu'ils ont traversées depuis leur retour de Genève ont contribué à les décider dans cette détermination.

Charles et Ianthe furent finalement confiés aux soins du Dr et de Mme Hume, qui devaient recevoir deux cents livres par an – quatre-vingts livres réglées par Westbrook et cent vingt livres payées par Shelley pour ces frais. Shelley pouvait les voir douze fois par an en présence des Hume, des Westbrook douze fois seuls, et de Sir Timothy et de sa famille quand ils le souhaitaient.

Pendant que ces procédures avançaient, Mary, Claire et les deux enfants avaient déménagé à Marlow, après avoir rejoint Shelley à Londres le 26 janvier, car elle craignait de le laisser seul dans son état dépressif. La société intellectuelle qu'ils ont rencontrée chez Hunt et chez Godwin a aidé à surmonter cette période difficile. Un soir, Mary vit ensemble les « trois poètes » : Hunt, Shelley et Keats ; Keats n'était pas très attiré par Shelley, tandis que Hazlitt, qui était également présent, était défavorablement impressionné par son apparence usée et maladive, induite par les terribles angoisses et épreuves qu'il avait traversées récemment. Horace Smith s'est également révélé un ami fidèle : Shelley a un jour fait remarquer qu'il était étrange que la seule personne riche et vraiment généreuse qu'il ait jamais rencontré soit un agent de change, qu'il écrive et s'intéresse à la poésie, tout en gagnant de l'argent. Au milieu de ses angoisses, Mary Shelley appréciait plus de relations sociales et de divertissement qu'auparavant. On la retrouve notant dans son journal, en février, dîner avec les Hunt et Horace Smith, aller à l'opéra du *Figaro* , musique, etc. Mais maintenant, ils avaient trouvé leur retraite à Marlow : une maison avec un jardin comme Mary le désirait, non pas avec vue sur la rivière, mais avec un petit verger ombragé, un potager, des ifs, des cyprès et un cèdre. Ici, Marie a pu vivre sans tristesse pendant un certain temps ; la nourrice suisse pour les enfants, une cuisinière et un domestique suffisaient pour le travail à l'intérieur et à l'extérieur, et Marie, fidèle à son nom, était capable de s'occuper d'un emploi spirituel et intellectuel, sans négliger les tâches domestiques. , comme doit le prouver la succession des visiteurs reçus ; l'étude, le dessin et son œuvre bien-aimée, *Frankenstein,* faisaient des progrès rapides. Mary n'aurait pas non plus pu être indifférente aux malheurs des pauvres, car Shelley n'aurait guère été aussi activement bienveillant que celui enregistré lors de sa résidence à Marlow sans la coopération de sa femme. Tandis que Shelley enquêtait sur les cas de détresse et donnait des ordres écrits d'argent, Mary dispensait ces derniers. Ici, Godwin leur rendit sa première visite, et les Hunts passèrent un moment agréable. Shelley a écrit sa *Révolte de l'Islam* sous les Bisham Beeches, et Mary a eu le plaisir d'accueillir son vieil ami M. Baxter, de Dundee, bien que sa fille Isabel, mariée à M. Booth, se tienne toujours à l'écart. Peacock, Horace Smith et Hogg étaient également parmi les invités. Nous trouvons des références constantes à Godwin ayant été irrité et querelleur contre Mary ou Shelley. Une sérénité forcée et contre nature au cours d'une période de sa vie semble avoir abouti plus tard à une irritabilité querelleuse - un cas assez courant - et il a dû l'exprimer sur ceux qui l'aimaient et le vénéraient le plus, ou en fait, sur ceux qui le voulaient. seul le supporter par amabilité de caractère, qualité peu remarquable chez sa seconde épouse.

Le 14 mai, on découvre que Mary a terminé et corrigé son *Frankenstein* , et elle décide de partir à Londres et de rester avec son père tout en poursuivant les négociations avec Murray dont elle souhaite le publier. Shelley accompagne Mary pendant quelques jours à l'invitation de Godwin, mais revient s'occuper de « Blue Eyes », à qui il est chargé d'un million de baisers de Mary. Mais Mary revient rapidement vers Shelley et « Blue Eyes », après s'être sentie très agitée pendant son absence. Elle tombe bientôt dans le projet de Shelley d'adopter partiellement une petite Polly qui passait fréquemment la journée ou dormait dans leur maison, et Mary trouverait le temps de lui dire avant d'aller se coucher ce qu'elle ou Shelley avait lu ce jour-là, en lui demandant toujours. lui ce qu'elle en pensait.

Mary, qui attendait un autre enfant à l'automne, ne resta pas longtemps inactive après l'achèvement de *Frankenstein* , mais se mit au travail en copiant et en révisant son *Tournée des six semaines* . Ce travail, commencé en août, elle l'a achevé après la naissance de son bébé Clara, le 2 septembre. En octobre, le livre a été acheté et publié par Hookham.

Elle raconte, dans ses notes sur cette année 1817, comment elle sentit que la maladie et les chagrins par lesquels Shelley passa avaient élargi son intellect, et comment c'était la source de certains de ses plus nobles poèmes, mais qu'il avait perdu ses premiers rêves de changer. le monde par une idée, ou, du moins, il n'espérait plus en voir le résultat.

Une lettre de Marie à son mari, écrite peu après la naissance de son bébé, montre à quel point elle était alors inquiète pour sa santé. Cela lui avait été une véritable douleur de le voir languissant et malade, et elle lui avait conseillé d'obtenir les meilleurs conseils. Le changement étant recommandé par le médecin, Mary doit choisir entre aller à la mer ou en Italie. Avec toutes les raisons pour et contre l'Italie, Mary demande à Shelley de lui faire part clairement de son souhait en la matière, car elle peut être bien n'importe où. L'une des principales raisons de leur départ pour l'Italie est qu'Alba, comme on appelait alors Allegra, devrait rejoindre son père. De toute évidence, l'embarras était trop grand pour décider comment expliquer le sort de la pauvre enfant plus longtemps en Angleterre ; et n'avait-elle pas de justes droits sur Byron ?

Dans une autre lettre, du 28 septembre, Mary parle du retour de Claire à Marlow dans un état coassant – tout ne va pas ; Les dettes d'Harriet sont énormes. Elle venait de faire sa première promenade après la naissance de Clara et fut surprise de constater à quel point il faisait plus chaud dehors qu'à l'intérieur. Shelley est chargée d'acheter un chapeau en fourrure de phoque pour Willy et de veiller à ce qu'il soit bien chaud. une forme ronde à la mode pour un garçon. Elle est entourée de bébés lorsqu'elle écrit : William, Alba et la petite Clara. Son amour doit être donné à Godwin lorsque Mme Godwin n'est pas là, car elle ne l'aime pas. *Frankenstein* n'est toujours pas disposé.

La maison de Marlow se révèle bientôt beaucoup trop froide pour une résidence d'hiver. Il faut vite décider de l'Italie ou de la mer. Alba est la grande considération en faveur de l'Italie, Marie sent qu'elle ne sera en sécurité que chez eux ; Byron est si difficile à soigner de quelque manière que ce soit, et le seul espoir semble être de l'amener à subvenir aux besoins de l'enfant. L'inquiétude quant à l'avenir d'Alba dominait leur présent, tant il est impossible de prédire l'avenir qui, lu et jugé comme notre passé, est facile à sévèrer. Ce rêve de santé et de repos en Italie ne devait pas se réaliser si facilement. Au lieu d'être là, ils distribuaient encore la charité à Marlow fin décembre, malgré diverses négociations financières en octobre et novembre. Horace Smith avait prêté deux cents livres et, pensait Shelley, il prêterait davantage. Mary restait extrêmement inquiète à propos d'Alba. Si seulement on pouvait la retrouver auprès de son père ! Qui pourrait dire comment il pourrait changer d'avis s'il y avait beaucoup de retard ? Ne pourrait-il pas « changer d'avis, ou aller en Grèce, ou au diable ; et alors, que se passe-t-il ? » Les retards des avocats étaient des procès lourds, et ils ne pouvaient pas laisser Godwin sans pourvoir ; il était une grande inquiétude pour Mary à cette époque. Ce n'est que le 7 décembre que Shelley écrivit à Godwin qu'il se sentait obligé de se rendre en Italie, car on l'avait informé qu'il souffrait d'une phtisie.

Grâce à une visite de M. Baxter chez eux à Marlow, lorsqu'il écrivit une lettre des plus enthousiastes au sujet de Shelley et de Mary à sa fille Isabel Booth, Mary avait espéré un renouveau de l'amitié qui lui avait procuré tant de plaisir en tant que jeune fille. et elle invita Isabel à les accompagner en Italie ; mais M. Booth ne le permettait pas, et, en fait, il semble avoir traité son beau-père, M. Baxter, qui avait six ans de moins que lui, avec beaucoup de sévérité, et souhaitait qu'il mette fin à toute intimité avec lui. Shelley. Il ne l'a cependant pas empêché de se séparer amicalement de Shelley le 2 mars, bien qu'il n'ait pas permis à sa femme d'avoir aucune communication avec Mary, à leur grand regret. Mary était constamment inquiète à propos de Shelley au cours des derniers mois de 1817, écrivant sur ses souffrances et la détresse qu'elle ressent en le voyant souffrir autant et avoir l'air si malade. En janvier 1818, un mois avant leur départ de Marlow, ses souffrances devinrent très grandes. Mais deux mille livres étant empruntées sur la promesse de quatre mille cinq cents livres à la mort de son père, et la maison de Marlow étant vendue le 25 janvier, nous voyons que l'emballage et le démontage ont eu lieu peu de temps après. Le 7 février, Shelley part pour Londres et le mardi 10, Mary la suit. Godwin, comme d'habitude maintenant, avait imploré de l'argent, puis, sentant sa dignité blessée par cet effort, avait riposté contre le donateur avec hauteur et exigences insultantes. Dans une biographie, malheureusement, les personnages ne peuvent pas toujours devenir les êtres cohérents qu'ils deviennent fréquemment dans les romans.

Mary va passer encore un mois heureux en Angleterre avec Shelley. Nous avons encore des récits de visites à l'opéra, de musées, de pièces de théâtre, de dîners et de soirées agréables passées entre amis. Keats est de nouveau rencontré et Shelley rend visite à M. Baxter, qui n'est pas autorisé par son gendre à dire adieu à Mary Shelley : un tel martinet peut être un maître d'école écossais. Mary Lamb appelle et les visites sont payées et reçues jusqu'au dernier soir, lorsque Shelley, épuisé par la mauvaise santé, la fatigue et l'excitation, tomba dans l'un de ses profonds sommeils sur le canapé avant que certains de ses amis ne quittent le logement de Great. Russell Street, et donc les Hunts n'ont pas pu échanger avec lui leurs adieux. Ce petit groupe d'amis littéraires devait tous faire ses adieux à Shelley et Mary lors de ses derniers jours en Angleterre. Le contraste est en effet marqué entre cette époque et celle d'aujourd'hui, où les sociétés Shelley se trouvent dans diverses parties du monde, où des passionnés écrivent depuis les régions les plus reculées et nouent des amitiés en son nom, où des églises, dont l'abbaye de Westminster, ont sonné ses louanges. de ses aspirations idéales, et quand, et surtout, certains ont certainement essayé de mener une vie pure et désintéressée en mémoire de la part divine de l'homme en lui ; mais il quitta maintenant ses côtes natales pour ne jamais revenir, avec Claire et Allegra, et ses deux petits enfants, et certainement une véritable épouse prête à le suivre dans les malheurs comme dans les bonheurs.

CHAPITRE IX.

LA VIE EN ITALIE.

Une troisième fois, le 11 mars 1818, Shelley, Mary et Claire sont sur la route de Douvres, cette fois avec trois jeunes vies à charge : Willie, âgé de deux ans et deux mois ; Clara, six mois ; et Allegra, un an et deux mois. Ces petits êtres se sont bien comportés tout au long de leur voyage, et il est touchant de constater comment Claire Clairmont, dans sa partie du journal consignant leur progression, mentionne le bain de son chéri à Douvres, puis annule le passage de son journal, comme tant d'autres où son le nom est donné – sûrement l'une des choses les plus tristes pour une mère de craindre de prononcer le nom de son enfant ! Après un nouveau passage orageux, le groupe atteignit de nouveau Calais, qu'ils trouvèrent toujours aussi délicieux, et où ils logèrent à l'hôtel du Grand Cerf.

Mary continue de noter le voyage. Ils empruntèrent cette fois un itinéraire différent : par Douai, La Fère, Reims, Berri-le-bac et Saint-Dizier, la route qui serpente au bord de la Marne. Ils dorment à Langres, dont la ville fortifiée aurait sûrement dû laisser un agréable souvenir ; mais jusqu'ici ils avaient trouvé la route inintéressante et fatigante. Mary trouve plus d'intérêt pour le pays après Langres, et avec l'aide de Schlegel, dont Shelley lui a lu à haute voix, le temps s'est passé agréablement ; fini les longues soirées fatigantes dans les hôtels ; on ne se plaignait pas lorsqu'une voiture tombait en panne et on les gardait trois heures à Mâcon pour qu'elle soit réparée : ils avaient avec eux des amis dont ils ne se lassaient pas.

A Lyon, ils se reposèrent trois jours. Mary admirait beaucoup la ville, et ils visitèrent le théâtre, où ils virent *L'homme gris et le Physionomiste* ; et le mercredi 25 mars, ils se mirent en route vers les montagnes dont on apercevait de loin les cimes blanches.

En traversant la frontière, il était difficile d'obtenir que leurs livres soient autorisés à entrer sur le territoire sarde, jusqu'à ce qu'un chanoine, qui avait rencontré le père de Shelley chez le duc de Norfolk, les aide à passer. Après avoir quitté Chambéry, où Marie séjourna pour permettre à sa nourrice Elise de voir son enfant, elles traversèrent le Mont Cenis et dînèrent au sommet. La beauté du paysage a grandement remonté le moral de Shelley, le faisant chanter avec exultation. Ils passèrent une nuit à Turin, visitant l'opéra ; et après avoir atteint Milan, Shelley et Mary allèrent passer quelques jours au lac de Côme, ayant l'idée de passer l'été sur ses rives ; mais ne pouvant se procurer une maison, ils retournèrent à Milan le 12 avril et rejoignirent Claire, restée avec les enfants. Pendant le séjour à Milan jusqu'à la fin d'avril, Claire avait souvent écrit à Byron. Celles-ci étaient évidemment loin d'être satisfaisantes, puisque Shelley écrivit des lettres d'avertissement à Claire en

1822, concernant Byron et Allegra : il mentionne l'avoir mise en garde contre le fait de laisser Byron prendre possession d'Allegra au printemps 1818, mais Claire pensait que c'était pour lui. l'intérêt de l'enfant, qu'elle aimait sans doute, de la laisser rejoindre son père. Les promenades dans les jardins publics avec les "Poussins" sont notées par Claire à plusieurs reprises, et la dernière entrée de son journal, avant le 28 avril, date à laquelle Allegra fut emmenée par l'infirmière Elise à Byron, mentionne une promenade avec les "Poussins" dans le matin et conduire le soir avec eux, Mary et Shelley. Mary avait envoyé sa propre nourrice de confiance, Elise, avec la petite Allegra, pensant qu'elle resterait et remplacerait dans une certaine mesure la mère ; et Claire croyait que l'enfant resterait avec son père, même si cela ne semblait certainement pas souhaitable ni susceptible de durer longtemps.

Un changement de décor étant nécessaire après ces émotions éprouvantes, Mary, avec son mari et ses deux enfants, et Claire, partent désormais pour Pise et Livourne. Ils dormèrent en chemin à Plaisance, Parme, Modène, puis passèrent une nuit dans une petite auberge parmi les Apennins, la cinquième à Barberino, la sixième à La Scala, et le septième arrivèrent à Pise, où ils logèrent au Tre Donzelle. . Au cours de ce voyage, Mary a pu admirer le paysage italien sous le ciel italien sans nuages : les vignes ornées de guirlandes au milieu des champs de maïs, les haies pleines de fleurs ; tout cela, vu de la voiture, donne une impression durable, et la pauvre Claire remarque que, conduisant sur une route longue et droite, elle espère toujours que cela la mènera à un endroit où elle sera plus heureuse. Ils traversent de magnifiques forêts de châtaigniers du côté sud des Apennins et longent les rives fertiles de l'Arno jusqu'à Pise. Après quelques jours de séjour à Pise, où l'on visite la cathédrale, « chargée de tableaux et d'ornements », et la tour penchée, et où, peut-être, le tranquille Campo Santo, avec sa chapelle couverte des belles fresques d'Orcagna et de Gozzoli. , etc., fut apprécié, ils se rendirent à Livourne ; ici, après quelques jours à L'Aquila Nera, ils emménagent dans des appartements. Ils rencontrent et voient une grande partie de l'amie de la mère de Mary, Mme Gisborne, qui s'est beaucoup attachée à la fois à Shelley et à Mary et qui, de par sa connaissance des gens littéraires, a dû être une compagne agréable pour eux. Ils avaient des lettres d'introduction aux Gisborne de la part de Godwin. Pendant son séjour, Mary a progressé en italien, lisant l'Arioste avec son mari. Livourne n'était pas un endroit suffisamment intéressant pour retenir longtemps les Shelley errants, malgré les attraits des Gisborne. Le 11 juin, Mary, avec ses deux enfants et Claire, suit Shelley à Bagni di Lucca, où il avait pris une maison. Ici, Mary appréciait beaucoup le calme après la bruyante Livourne, comme elle l'écrivait à Mme Gisborne, dans l'espoir de l'attirer pour leur rendre visite. Mary était dans son élément dans les bois ombragés au son de l'eau courante ; son seul ennui était le nombre d'Anglais qu'elle côtoyait au cours de ses promenades, où s'épanouissait la bonne anglaise, « une sorte d'animal que je n'aime pas du tout », écrivait-elle ; elle n'était pas non plus satisfaite des « Anglaises fringantes et regardantes, qui surprennent les Italiens (qui sont toujours transportés dans des chaises à porteurs) en montant à cheval ».

Mary et Claire avaient l'habitude de visiter le casino avec Shelley et d'assister aux danses auxquelles elles ne participaient pas. Mary, cependant, n'était pas d'accord avec Shelley pour admirer le style de danse italien ; mais ils possédaient en abondance les choses sur lesquelles ils étaient toujours du même avis, car leurs livres bien-aimés sont arrivés après avoir été examinés par l'autorité de l'Église ; et tandis que Shelley se délectait des délices de la littérature grecque, Mary partageait avec lui ceux de l'anglais, car qui peut estimer l'avantage d'entendre Shakespeare et d'autres poètes lus par Shelley ! C'est également aux bains de Lucques que Mary trouva *Rosalind et Helen inachevés de son mari* et le persuada de le terminer, car, comme elle le dit dans ses notes, "Shelley ne se souciait d'aucun de ses poèmes qui n'émanaient pas de les profondeurs de son esprit et développer une vérité élevée ou absconse. » Sans aucun doute, Mary était l'épouse idéale pour Shelley. A ce stade de la carrière du poète, on ne peut que déplorer que le destin implacable n'ait amené Mary à Shelley qu'alors qu'une victime avait déjà été sacrifiée sur l'autel du destin ; et plus on se rend compte de la nature sympathique et intellectuelle de Claire, moins il est possible d'éviter de gaspiller le regret que Byron n'ait pas pu rencontrer plus tôt la fille adoptive du libraire philosophe, au lieu de ruiner sa nature et sa vie par les folies à la mode qu'il a faites. altéré. Mais qui pourrait modifier les rouages du destin ? Le plus beau Lacryma Christi ne pousse-t-il pas sur les pentes autrefois dévastées du Vésuve ? La vie aussi a ses tremblements de terre, et les éruptions de ses profondeurs cachées vues à travers l'esprit de ses poètes, bien que causant parfois une agonie à ceux qui entrent en contact avec elles, travaillent sûrement pour le bien de l'ensemble. Marie a eu des années de plaisir, inestimables pour qui sait les apprécier, de contact avec un grand esprit ; mais peu de femmes de poètes ont eu les dons qui leur permettent de participer pleinement à de tels plaisirs. Eh bien pour Mary, elle a également hérité d'une grande partie de la nature philosophique de son père, ce qui lui a permis d'endurer certaines des épreuves inhérentes à sa position. Ce que Shelley a écrit, Mary le transcrirait – ce qui n'était pas une simple tâche pour elle – car n'avait-elle pas, par l'intermédiaire de Shelley, apprécié *le Banquet de Platon* , dont il travaillait à la traduction à Lucques ? Comment les badauds à la mode des Bains pourraient-ils trouver le temps de s'inspirer du poète et de sa femme ? Le poète donne la profondeur de sa nature, mais ce n'est pas celui qui écrit avec la fièvre ou les larmes de l'émotion qui peut s'abaisser à être son propre interprète auprès des non-initiés, ce qui semble être une nécessité des temps modernes, à quelques exceptions près. L'éducation de Mary, si défectueuse qu'elle ait pu être dans certains détails, en faisait une compagne idéale pour certains des plus grands de son époque, et cette qualité chez une femme ne pouvait guère exister sans un raffinement de manières et de goûts qui, parfois, pourraient être trompeuse quant à son caractère.

L'esprit d'errance envahit Claire et, à la mi-août, son désir de revoir son enfant ne pouvait plus être réprimé. En conséquence, elle partit avec Shelley le 19 août et atteignit Florence le lendemain, lorsque Shelley écrivit à Mary l'impression que lui faisait la belle ville, la suppliant, en même temps, de ne pas laisser le petit William l'oublier avant son retour : la petite Clara ne s'en souvenait pas. Claire songea un moment à rester à Padoue, mais en arrivant dans cette ville ne supporta pas d'être laissée seule, et ils arrivèrent à Venise au milieu de la nuit, au cours d'une violente tempête, dont Shelley ne manqua pas de raconter à son ami. épouse. Il lui raconta également comment les Hoppner, auxquels ils avaient fait appel (M. Hoppner étant le consul britannique à Venise), leur avaient conseillé d'agir à l'égard de Byron. Sur leurs conseils, Shelley fit appel seul à lui, et Byron proposa d'envoyer Allegra à Padoue pour une visite d'une semaine ; il ne voudrait pas qu'elle reste plus longtemps, car les Vénitiens penseraient qu'il en a assez d'elle. Il leur offrit ensuite sa villa d'Este, pensant qu'ils étaient tous à Padoue. Shelley a accepté cette proposition et a écrit pour demander à Mary de le rejoindre là-bas avec les enfants, ne sachant pas s'il agissait pour le bien ou le mal, mais attendant avec impatience d'être grondé s'il avait mal fait, ou embrassé s'il avait bien - l'événement le prouverait. L'événement l'a prouvé ; mais il était hors de leur pouvoir de le gouverner.

Mary avait invité les Gisborne à rester avec elle aux Bains. Ils arrivèrent le 25 août, mais les circonstances semblaient impérieuses pour que Marie se rende à Este, et elle partit le 31 avec pour serviteur Paolo. Ils furent retenus un jour à Florence et ne arrivèrent à Este que lorsque la pauvre petite Clara fut dangereusement malade de la dysenterie, ce qui la réduisit à un état de fièvre et de faiblesse. Mary a enduré la misère d'un médecin incompétent à Este ; ils n'avaient pas non plus confiance dans le médecin padouen. Shelley s'est rendu à Venise pour obtenir des conseils supplémentaires et se préparer à l'arrivée de sa femme et de son enfant, écrivant de là qu'il se sentait quelque peu mal à l'aise, mais qu'il pensait qu'il n'y avait aucune raison de s'inquiéter réellement. Cet arrangement fait, Mary partit avec son bébé et Claire pour rencontrer Shelley à Padoue, puis se rendit à Venise, Claire repensant à William et Allegra à Este ; et maintenant Marie devait endurer cette terrible tension d'esprit, avec son enfant mourant dans ses bras, se dirigeant vers Venise, ce temps dont elle se souvenait si bien lorsque, sur le même itinéraire, près d'un quart de siècle plus tard, à chaque tournant de la route, la route et les arbres eux-mêmes semblaient être les objets les plus familiers de sa vie quotidienne ; car n'avaient-ils pas été imprimés dans sa vision mentale par la force du désespoir ? Les soldats autrichiens à la frontière ne pouvaient pas les arrêter, même sans passeport, car même eux n'empêcheraient pas qu'un enfant mourant soit transporté vers un espoir désespéré. Un tel chagrin ne pouvait guère être rendu plus ou moins aigu par les circonstances. Ils arrivèrent à leur auberge en gondole, mais seulement pour que Clara mourût dans les bras de sa mère au bout d'une heure.

Dans cette épreuve, les Hoppner se montrèrent des amis très aimables, emmenant Mary chez eux et soulageant le premier désespoir du chagrin par la bonté, à laquelle il semblait ingratitude de ne pas répondre. Mary, quoi qu'elle ait pu ressentir, savait qu'aucune expression de ses sentiments dans son journal ne la pousserait à endurer. Elle vaquait à ses occupations quotidiennes comme d'habitude. Une journée de repos s'écoula après que sa petite Clara eut été enterrée au Lido ; on la retrouve comme d'habitude en train de lire, faire du shopping et voir Byron, avec qui elle espérait nouer de meilleurs termes pour Claire en ce qui concerne Allegra. Il y a un passage curieux dans une lettre de Godwin à sa fille, qui illustre sa propre tournure d'esprit, et non sans une vérité générale : « Nous nous livrons rarement longtemps à la dépression et au deuil, sauf lorsque nous pensons secrètement qu'il y a quelque chose de très raffiné. en cela, et que cela nous fait honneur.

Le 29 septembre, Shelley et Mary retournent à Este. Claire avait emmené les enfants à Padoue, mais revint le lendemain à la Villa I Cappuccini. Le soir, ils allèrent à l'Opéra. Leur maison était très bien située. C'est ici que Shelley écrivit ses « Lignes parmi les collines Euganéennes », car aucun sentiment intense ne pouvait venir au poète sans la nécessité de s'exprimer en poésie ; et c'est au cours de ce mois de septembre que Shelley écrivit le premier acte de son *Prometheus Unbound* . Mary revint à Venise avec son mari, le petit William, et la nourrice Elise, le 12 octobre. L'impression alors formée de Byron et de ses environs était si douloureuse qu'il était surprenant qu'ils puissent penser à lui rendre Allegra ; mais son extrême jeunesse était sa sauvegarde à cet égard, et Shelley revint à Este le 24 septembre pour prendre une seconde fois Allegra à sa mère qui, avec tout son amour pour sa « chérie », comme elle l'écrivait toujours dans son style effacé, passages de son journal, n'arrivait pas à surmonter les difficultés insurmontables de sa naissance. Le 22 janvier de cette même année, Claire avait inscrit dans son journal que c'était l'anniversaire de Byron (Albé) ; une note soigneusement effacée peu de temps après. Shelley et Mary ayant décidé de passer l'hiver plus au sud, après quelques jours de préparation ils quittèrent Este le 5 novembre, et passèrent la nuit à Ferrare, où ils visitèrent les reliques de l'Arioste et du Tasse, et le cachot où ce dernier était incarcéré. . De là à Bologne, où l'on endura beaucoup de fatigue dans les galeries de tableaux, le pauvre Shelley étant obligé d'avouer qu'il ne prétendait pas goûter. De Bologne, par Faenza et Cesena, ils suivirent la côte depuis Rimmi jusqu'à Fano, et passèrent une nuit inconfortable dans une auberge à Fossombrone, dans les Apennins. Mary a été très impressionnée par la beauté et la grandeur de Spolète. Les chutes impressionnantes de Terni sont dûment relatées par elle ; et les 19 et 20 novembre sont consacrés à parcourir les Apennins, puis à traverser la solitude de la campagne romaine, puis à Rome.

En Italie, où l'émerveillement succède à l'émerveillement et où aucun lieu n'est une simple répétition d'un autre, Marie a peut-être été impressionnée par sa première visite dans la Ville éternelle. Ici, en novembre, elle a pu s'asseoir et dessiner dans le Colisée avec son enfant et son mari, qui ont trouvé dans cette magnifique ruine une source d'inspiration. Mais Rome n'était plus qu'une halte sur leur route vers Naples, encore plus ensoleillée ; et le 27 novembre, Shelley partit un jour avant Mary et son enfant pour réserver des chambres à Naples, où Mary arriva le 1er décembre. Dans la meilleure partie de la ville, face aux jardins royaux face à la merveilleuse baie, avec Shelley pour son guide, qui utilisait lui-même *Corinne de Madame de Staël* comme manuel, Tite-Live pour les antiquités et Winckelmann pour l'art, Mary pouvait profiter des vues de Naples comme aucun touriste ordinaire ne le ferait. Le mois de décembre fut consacré aux expéditions : Baies, Vésuve et Pompéi. La journée à Baiæ fut peut-être la plus délicieuse, avec le retour en bateau au clair de lune vers Naples. Le Vésuve, avec son spectacle prodigieux comme le ciel et l'enfer rendus visibles, produisit naturellement une profonde impression, mais ce fut une expédition très fatigante, car apparemment seule Claire avait une *chaise à porteurs* pour l'ascension du cône ; Mary et Shelley sont montées sur des mules aussi loin qu'elles le pouvaient, et Claire a été portée sur une chaise - bien que cela semble difficilement possible - depuis Resina. Comment Mary a-t-elle pu marcher à travers les cendres jusqu'au cône semble incompréhensible. Elle devait avoir une grande force, car c'est une tâche éprouvante pour un homme, et il n'est pas étonnant que Shelley, malgré sa force de piéton, soit épuisé lorsqu'ils arrivèrent à l'ermitage de San Salvador. L'hiver à Naples semble avoir été éprouvant pour Marie, malgré le soleil et les beautés de la nature ; car Shelley était dans un état de dépression, comme en témoignent les « Stances écrites dans le découragement près de Naples ». On ne peut pas dire quelle en était la cause immédiate ; cela semble être l'un des mystères, ou peut-être plutôt le seul mystère, de la vie de Shelley. Il affirma à Medwin qu'une dame, jeune, mariée et de nobles relations, s'était entichée de lui et lui avait déclaré son amour à la veille de son départ pour le continent en 1816 ; qu'il l'avait repoussée doucement mais fermement ; qu'elle était arrivée à Naples le jour même de lui et qu'elle était morte peu après. On suggère qu'une petite fille qui fut laissée sous sa tutelle à Naples, et dont il parlait comme de sa pauvre Napolitaine, pourrait peut-être être l'enfant de cette dame ; d'autres doutent totalement de l'histoire, ce qui n'est pas étonnant, même si rien ne peut être déclaré impossible dans une vie où la vérité est souvent bien plus étrange que la romance.

Mary fut également troublée à Naples par ses serviteurs, un sujet inhabituel pour elle ; mais Paolo, ayant dépassé de loin les limites de la tricherie, fut découvert par Marie, et obligé aussi par elle d'épouser Elise, qu'il avait trahie. Ils partirent pour Rome, mais Paolo déclara qu'il se vengerait des Shelley et écrivit des lettres de menaces dont un avocat disposa pendant un temps. On sait que c'est là l'origine de calomnies ultérieures, que M. Jeaffreson a soigneusement et définitivement réfutées.

Mary, plus tard, avec le regret d'un amour qui suffirait, aurait souhaité qu'à Naples elle soit entrée davantage dans la cause du chagrin que Shelley lui avait caché, afin de ne pas ajouter à la mélancolie qu'elle ressentait alors avec égard à son père.

Avant de quitter Naples, ils réussirent à visiter les ruines grecques de Paestum, qui donnent encore une impression nouvelle en Italie ; puis, le 28 février 1819, Marie prend congé de Naples, pour ne plus y revenir avec aucune de ses compagnes d'alors.

A Rome, ils trouvèrent des chambres dans la Villa Parigi, mais en retirèrent au Palais Verospi sur le Corso, et nous les retrouvons bientôt occupés à explorer les trésors inépuisables de Rome. Ici, il n'était pas nécessaire de faire des voyages fatigants comme à Naples pour visiter les principaux points d'intérêt, car on les trouvait à chaque détour. Des visites à Saint-Pierre et au musée du Vatican sont évoquées ; marche avec Shelley jusqu'au Forum, au Capitole et au Colisée, qui est visité et revisité. Le soir, on rend visite fréquemment à la Signora Marianna Dionigi et on entend avec elle la messe à Saint-Pierre, où le pauvre vieux pape Pie VII était sur le point de mourir. Le Palais Doria et sa galerie de tableaux sont examinés, où les paysages de Claude Lorraine les frappent particulièrement. Puis aux thermes de Caracalla, dont la beauté romantique des ruines constitue l'une des principales attractions de Rome. Ils font également des promenades et des promenades dans les jardins Borghèse. On ne passe pas sous silence la statue de Pompée, au pied de laquelle César est tombé, mais il serait impossible de raconter tout ce qu'ils ont vu et apprécié à Rome. Mary a fait davantage de connaissances à Rome et les Anglais n'ont pas non plus complètement négligé de rendre visite à Shelley. Mary a également repris des cours de dessin, tandis que Claire a suivi des cours de chant et elles ont rencontré des célébrités lors des conversations de la Signora Dionigi. Dans l'ensemble, cette première partie de leur séjour à Rome fut heureuse, mais la santé toujours fluctuante de Shelley les fit envisager de prendre une maison pour l'été à Castellamare, comme le lui avait recommandé un médecin. Mais les jours se pressaient vers une nouvelle calamité, car le petit William tomba maintenant malade, et nous trouvons les visites d'un médecin, le Dr Bell, dans la chronique, et le 2 juin, trois visites sont notées. Claire aide de son mieux ; Shelley ne ferme pas les yeux pendant soixante heures, et Mary, dont les espoirs de vie étaient liés à l'enfant, ne put qu'endurer, assister à la disparition de la fièvre et voir le dernier des trois périr le "lundi 7 juin, à midi", comme Claire l'écrit dans son journal. Mary et Shelley furent privés de leur douce chérie aux yeux bleus, par une main plus forte que celle de la Cour de Chancellerie, et le petit William fut enterré là où Shelley allait bientôt le suivre, dans le cimetière qui « pourrait rendre amoureux de la mort ». ".

CHAPITRE X.

Le découragement de Marie et la naissance d'un fils.

Avant la maladie mortelle de son enfant Willie, Mary avait rencontré un vieil ami à Rome et avait renoué avec Miss Curran qu'elle avait connue autrefois chez son père. Des goûts sympathiques pour le dessin et la peinture rapprochaient ces dames, et Miss Curran fit ou commença des portraits de Mary, Shelley et, ce qui était plus important pour elles à l'époque, du petit Willie. Les portraits de Mary et de Shelley, inachevés et réalisés par un amateur, ne sont en aucun cas satisfaisants ; ne donne certainement pas dans le cas de Mary une idée de la beauté et du charme auxquels ses amis font constamment référence et qui semblent avoir persisté jusqu'au moment où, bien plus tard, une attaque de variole altéra son apparence. Le portrait de Marie, bien que non artistique, est intéressant car peint d'après nature. Son visage ovale est ici donné avec le front haut. Le teint décrit comme délicat et blanc n'était pas dans le don de Miss Curran, qui n'était pas coloriste. Représenter les yeux gris, tendant au brun près de l'iris, est en accord avec les yeux « bruns » de Shelley et « gris » de Trelawny, mais la beauté de l'expression manque. La bouche, fine et dure, aurait pu attirer un regard passager, mais certainement pas ce qu'un artiste aurait souhaité représenter ; tandis qu'une certaine raideur de pose n'est pas ce à quoi on pourrait s'attendre chez Mary Shelley, nerveuse et sensible. La beauté des cheveux châtain doré n'était pas au pouvoir du peintre. Mary était de taille moyenne, plutôt petite ; ses mains étaient considérées comme très belles et, selon certains, elle était censée avoir l'habitude de les montrer, même si les cacher eût été difficile et inutile. Ses bras et son cou étaient également magnifiques. Leigh Hunt fait référence à elle à l'opéra, *décolletée*, aux épaules blanches, luisantes et tombantes. Sa « voix la plus douce jamais entendue », s'ajoutait à ses dons de conversation, décrite comme ressemblant à celle de son père avec une douceur supplémentaire dans les manières et un charme de description, avec une élégance et une justesse, sans réserve ni affectation. Cyrus Redding, qui l'admirait et l'estimait beaucoup, a obtenu son opinion sur le portrait de son mari par Miss Curran, pour son article dans l'édition Galignani de Shelley. Elle ne le considérait en aucun cas comme un bon ouvrage, comme inachevé, mais présentant quelques points de ressemblance frappants. Elle consentit à en diriger la gravure pour le volume de Galignani, considéré comme bien plus réussi. Miss Curran nous a gentiment aidé en nous donnant des conseils.

Pendant que ces portraits étaient exécutés, Mary gagnait la sympathie du peintre, une aubaine bientôt indispensable, car après la mort de son troisième enfant, son courage s'effondra pendant un certain temps complètement. Dans un état de santé alors très délicat, elle ne pouvait penser à autre chose qu'à ses pertes. N'ayant aucun autre enfant ayant besoin de ses soins, elle ne pouvait que s'abandonner à un chagrin inconsolable. Shelley sentit qu'il sortait de sa vie pour la première fois ; que son cœur était à Rome dans la tombe avec son enfant. Ils revisitèrent les chutes de Terni, mais l'esprit s'était enfui des eaux. Ils traversent la très animée Livourne et visitent les Gisborne, mais le bruit est intolérable, et Shelley, toujours attentif à ces questions, trouve une maison à une courte distance dans la campagne, la Villa Valsovano, dans une ruelle tranquille entourée d'un jardin maraîcher. . Les oliviers, les figuiers, les pêchers, les myrtes, animés la nuit de lucioles, devaient être un environnement apaisant pour Marie blessée, pour qui la nature était toujours une bonne amie. Ils n'étaient pas non plus seuls, car ils se trouvaient à proximité d'amis à Livourne.

Deux mois après sa perte, elle recommence son journal le jour de l'anniversaire de Shelley, cette fois non sans un gémissement. Elle écrit à Mme Hunt les larmes qu'elle verse constamment et avoue qu'elle a peu travaillé depuis son arrivée en Italie. Elle avait lu cependant plusieurs livres de Tite-Live, Anténor, Clarissa, quelques romans, la Bible, la Pharsale de Lucain et Dante. Shelley lit son *Paradis perdu* et il écrit le *Cenci*, où

Ce beau garçon aux yeux bleus,
qui était l'étoile filante de ta vie,

Mary nous dit qu'elle fait référence à William. Shelley a écrit que leur maison était mélancolique et n'était égayée que par des lettres d'Angleterre.

Le 18 septembre, Mary écrivit à son amie, Miss Curran, qu'ils étaient sur le point de déménager, elle ne savait où. Ensuite Shelley, avec Charles Clairmont, se rendit à Florence et engagea des chambres pendant six mois, et à la fin de septembre Shelley revint et emmena sa femme par étapes lentes et faciles dans la capitale toscane, car sa santé était alors dans un état très délicat pour en voyageant. Là, dans la belle ville de Florence, le 12 novembre 1819, elle donna naissance à son fils Percy Florence, qui fut le premier à briser le charme du malheur qui planait sur eux depuis cinq mois comme un nuage ; Comme les événements l'ont prouvé, lui devait être son seul réconfort avec ses souvenirs, lorsque la calamité suprême de sa vie s'abattait sur elle, et il fut miséricordieusement épargné pour être le réconfort de ses dernières années.

CHAPITRE XI.

GODWIN ET "VALPERGA".

À cette époque, alors que les événements politiques absorbaient l'Angleterre et que Shelley les intégrait dans la poésie en Italie pendant le reste de sa résidence à Florence, les difficultés personnelles de Godwin atteignaient leur paroxysme. Lorsqu'il perdit dans une action pour le loyer de sa maison, Shelley vint à son aide, mais d'une certaine manière Godwin attendait plus que ce qu'il recevait, et devint très désagréable dans sa correspondance, à tel point que Shelley dut le supplier de ne pas le faire. écrivez à Mary sur ces sujets, car sa santé n'était alors pas, en octobre 1819, capable de supporter la tension, et le sujet de l'argent n'était pas un sujet approprié pour lui être imposé. Marie n'avait pas la disposition de l'argent ; si elle l'avait fait, elle donnerait tout à son père. Il assura à Godwin que les quatre ou cinq mille livres déjà dépensées pour lui auraient pu le mettre à l'aise pour le reste de sa vie. Mme Godwin, naturellement, n'entendrait pas entendre parler d'abandonner les affaires de Skinner Street, car c'était la seule provision pour elle-même lorsque Godwin mourrait. Il est extrêmement douloureux, à ce stade de la carrière de Godwin, d'être témoin des effets dégradants de la petite nature de sa femme sur lui, car il s'est certainement laissé indûment influencer par ses opinions enthousiastes et pas toujours véridiques, comme on le sait depuis les premiers jours de leur mariage. vie. Nous avons le journal de Mme Gisborne montrant comment Mme Godwin ne pouvait pas supporter de voir quelqu'un en 1820 qui avait un attachement pour Mary, qu'elle considérait (comme Godwin l'a dit à Mme Gisborne) comme sa plus grande ennemie ; et bien qu'il décrivât sa femme comme étant « du caractère le plus irritable possible », il écoutait et répétait ses conjectures au dénigrement de Shelley et de Mary à l'époque où elle n'hésitait pas à accepter avec son mari les grosses sommes d'argent qui lui étaient chères. Shelley a eu du mal à les relever. Tous les faits rapportés dans ce journal prouvent que Mary et Fanny ont dû avoir une vie à la maison suffisamment éprouvante pour expliquer le résultat dans les deux cas, surtout si l'on considère que Claire et son frère Charles ont tous deux préféré quitter la maison de Godwin le plus tôt possible. occasion, Charles étant parti pour la France immédiatement après le départ de Mary et Claire avec Shelley. Guillaume resta seul à la maison, mais quatre années passées dans un pensionnat à Greenwich, à partir de 1814, durent l'aider à supporter les inconforts de l'époque. Avant le retour de Mme Gisborne en Italie, Godwin lui donna par écrit un compte rendu détaillé de ses transactions financières avec Shelley, qui étaient devenues très pénibles pour tous deux. En janvier 1820, Florence se révélant inadaptée à la santé de Shelley, ils partirent pour Pise, dont le climat doux en fit une station balnéaire préférée du poète pendant la majeure partie du court reste de sa vie. Mary, toujours hospitalière, même si, comme le disait Shelley, les factures d'impression de ses poèmes devaient être payées en se privant de viande et de boissons, espérait que Mme Gisborne serait restée avec eux pendant la visite de son mari en Angleterre en 1820, car ils avait emménagé dans un appartement agréable en mars. Cette idée n'a pas été réalisée. À peu près à cette époque, Mary et Claire, toutes deux avec leurs propres inquiétudes absorbantes, devinrent de nouveau ennuyeuses l'une pour l'autre. Mary a trouvé du soulagement lorsque Claire était absente, et Claire note que "Claire et Mai trouvent chaque jour de quoi se battre", une façon de le dire qui indique des différences, mais certainement aucune cause grave de perturbation. C'était après leur déménagement à Livourne, où ils se rendirent vers la fin juin auprès de l'avocat à cause de Paolo. Au début du mois d'août, la chaleur de Livourne fit migrer les Shelley vers les thermes de San Giuliano, où Shelley trouva une maison très agréable, Casa Prini. Le loyer modéré convenait à leur mince bourse, qui faisait l'objet de tant de visites extérieures.

En octobre, le départ de Claire pour Florence, comme gouvernante dans la famille du professeur Bojti, où elle se rendit sur les conseils de son amie Mme Mason, anciennement Lady Mountcashell, mit fin à sa résidence permanente chez les Shelley, même si elle devait encore chercher sur leur maison comme sa maison, et elle leur rendait visite soit pour son plaisir, soit pour les aider. Son absence de ses amis nous fait bénéficier de lettres de leur part, lettres pleines d'une certaine exagération d'affection et de sympathie de Shelley, qui sentait plus vivement que Mary que Claire pouvait être malheureuse sous un toit étranger. Mary, moins inquiète à ce sujet, écrit sur les opéras qu'elle a vus, en en donnant de bonnes descriptions. Une de ses lettres est pleine d'inquiétude au sujet d'Allegra, qui a été placée par Byron au couvent de Bagnacavallo. Elle estime que l'enfant devrait, le plus tôt possible, être retiré des mains d'un « homme aussi impitoyable et sans principes » ; mais conseille la prudence et l'attente d'une opportunité favorable. Elle espère qu'il retournera en Angleterre. "Il pourrait se réconcilier avec sa femme." En tout cas, Bagnacavallo est élevé et dans une position saine, bien différente des canaux sales de Venise, qui pourraient nuire à la santé de n'importe quel enfant. Mary tente ainsi de consoler Claire, qui envisage, dans son imagination, diverses manières de s'approcher de son enfant, et de correspondre et de voir Shelley à ce sujet. Mary dissuade Claire de tenter quoi que ce soit au printemps, leur période malheureuse. C'était au deuxième printemps que Claire rencontra LB, etc. ; le troisième, ils allèrent à Marlow — ce qui n'était pas une bonne chose, du moins ; le quatrième, mal à l'aise à Londres ; cinquièmement, leur misère romaine ; le sixième, Paolo à Pise ; le septième, un mélange d'Emilia et d'un costume de Chancellerie. Mary reconnaît que ce sentiment superstitieux est plus dans la lignée de Claire que dans la sienne, mais pense que cela vaut la peine d'y réfléchir ; mais cette lettre à Claire nous porte un an en avance.

Au cours de l'été 1820, Mary vécut certains des moments délicieux qu'elle aimait tant, des pérégrinations poétiques avec Shelley à travers les bois et au bord de la rivière, dont elle se souvient longtemps après, lorsque, prenant note du "Skylark", elle se souvient comment elle et Shelley, errant dans les ruelles dont les haies de myrtes étaient les berceaux de la luciole, entendirent le chant de l'alouette qui lui inspira l'un des plus beaux de ses poèmes. Des souvenirs précieux qui l'ont aidée à traverser de nombreuses années sans la sympathie à laquelle elle aspirait. Aux bains, ils ont eu le plaisir de recevoir la visite de Medwin, qui a décrit comment Shelley, sa femme et son enfant ont dû s'échapper des fenêtres supérieures de leur maison dans un bateau lorsque le canal a débordé et inondé la vallée. Mary en parle comme d'un spectacle très pittoresque, avec les bergers conduisant leur bétail.

Pendant la courte absence de Shelley, lorsqu'il emmena Claire à Florence, Mary était occupée à planifier son roman de *Valperga*, pour lequel elle étudiait la chronique de Villani et l'histoire de Sismondi.

En quittant les thermes de San Giuliano, après les inondations, les Shelley retournèrent à Pise, où ils passèrent la fin de l'automne et l'hiver de 1820 et le printemps de 1821. Ici ils firent plus de connaissances qu'auparavant, le professeur Pacchiani, appelé aussi "Il Diavolo ", leur présentant le Prince Mavrocordato, la Princesse Aigiropoli, l' *improvisateur* Sgricci, Taafe et enfin, et non des moindres, Emilia Viviani. Ici, Mary a continué à écrire *Valperga* et a poursuivi ses études de latin, d'espagnol et de grec ; pour ce dernier, le prince Mavrocordato l'a aidée, comme Mary écrit à Mme Gisborne : « Ne m'enviez-vous pas ma chance ? que, ayant commencé le grec, un prince grec aimable, jeune, agréable et instruit vient chaque matin me donner un cours d'une heure et demie."

Mais la personne la plus importante à cette époque était sans aucun doute la comtesse Emilia Viviani, qui, accompagnée de Pacchiani, Claire, puis Mary, puis Shelley, visita le couvent de Sant'Anna. Cette belle fille, aux cheveux noirs abondants, au profil grec et aux yeux rêveurs, placée au couvent jusqu'à son mariage, pour satisfaire la jalousie de sa belle-mère, devint naturellement un objet d'un extrême intérêt pour les Shelley. De nombreuses visites furent effectuées et Marie l'invita à rester avec eux à Noël. Shelley était convaincue qu'elle avait un grand talent, voire du génie. Shelley et Mary lui envoyèrent des livres et Claire lui donna des cours d'anglais dans son couvent, pendant qu'elle prenait des vacances chez les Bojtis. De la belle Emilia à Shelley et Mary sont conservées de nombreuses lettres qui, traduites en anglais, semblent débordantes de sentiment et d'affection, mais qui pour les Italiens indiqueraient plutôt le style cultivé par les dames italiennes, qui, à ce jour, semble être l'un des leurs principales réalisations s'ils ne sont pas doués d'une voix pour chanter. Elle se plaint à Mary d'une certaine froideur, mais cela ne peut certainement pas être imputé à Shelley, qui a maintenant été inspiré pour écrire son *Epipsychidion* . Pour lui, Emilia était comme l'Alouette, une émanation du beau ; mais pour Mary pendant un certain temps, pendant l'adoration transitoire de Shelley, l'événement devint évidemment douloureux, avec toute sa philosophie et sa croyance en son mari. Elle ne pouvait pas considérer la charmante jeune fille qui se promenait avec lui comme l'alouette qui planait au-dessus de leurs têtes ; et l' *Epipsychidion* n'était évidemment pas un poème préféré de Marie. On peut sûrement attribuer à cette époque, au printemps 1821, le poème écrit par Shelley au lieutenant Williams, dont il avait fait la connaissance en janvier. Il n'y a pas de mois apposé sur...

Le Serpent est chassé du Paradis....

et cela pourrait très bien s'appliquer, avec sa référence à « ma froide maison », à l'époque où Mary, déprimée et piqué, n'accordait pas toujours à son mari, tout aussi sensible, tout l'accueil auquel il était habitué, et où Shelley se réfugiait dans un poème. par voie de lettre ; car c'est le moment auquel Mary fait référence dans sa lettre à Claire comme leur septième printemps malheureux – un mélange d'Emilia et d'un costume de Chancellerie ! Ce n'est qu'au printemps suivant qu'Emilia se maria et mena son mari et sa belle-mère, comme le dit Mary, « une vie diabolique ». *Nous* devons seulement être reconnaissants à Emilia d'avoir inspiré l'un des poèmes les plus merveilleux, toutes langues confondues.

Les Williams, à qui le poème de Shelley est adressé, les rencontrèrent en janvier. Mary écrit à propos de la fascinante Jane (Mme Williams) qu'elle est certes très jolie, mais qu'elle veut de l'animation ; tandis que Shelley écrit qu'elle est extrêmement jolie et douce, mais apparemment pas très intelligente ; qu'il l'aimait beaucoup, mais qu'il ne la voyait que depuis une heure.

Mary, parmi ses nombreuses lectures, note un article de Medwin sur le magnétisme animal, et Shelley, qui souffrait gravement à cette époque, essaya peu après son effet grâce à Medwin. Ce dernier ennuyait excessivement Marie ; il est possible qu'elle ait trouvé l'opération de magnétisation fastidieuse, même si Shelley en aurait été soulagée, dit-on. Son tempérament très nerveux était visiblement impressionné. Lorsque Medwin est parti, Mme Williams s'est engagée à poursuivre la cure.

Le procès à la Chancellerie auquel Mary fait référence était une tentative entre l'avocat de Sir Timothy et celui de Shelley de confier leurs affaires à la Chancellerie, ce qui leur causa une grande inquiétude en Italie, jusqu'à ce qu'Horace Smith vienne à leur secours en Angleterre et, avec des lettres indignées, règle ce litige inconsidéré.

Mme Shelley, dans ses Notes aux poèmes de 1821, raconte comment Shelley a failli se noyer, par un bateau plat qu'il avait récemment acquis, renversé dans le canal près de Pise, alors qu'il revenait de Livourne. Williams a bouleversé le bateau en se levant et en tenant le mât. Henry Reveley, le fils de Mme Gisborne, a sauvé Shelley et l'a amené à terre, où il s'est évanoui à cause du froid. Au même moment, à Pise, Mary devait réfléchir avec Shelley à une question de grande importance pour Claire.

Byron, alors à Ravenne, avait placé Allegra, comme déjà dit, au couvent de Bagnacavallo. Il a dit à Mme Hoppner qu'elle était devenue si ingérable par les domestiques qu'il était nécessaire de lui donner de meilleurs soins que ceux qu'il pouvait assurer, et il a estimé qu'il serait préférable de l'élever dans la religion catholique avec une éducation italienne, comme ainsi, avec une fortune de cinq ou six mille livres, elle épouserait un Italien et serait nourrie, alors qu'elle occuperait toujours une position anormale en Angleterre. À cette proposition, Claire fut extrêmement indignée ; mais Shelley et Mary prirent le point de vue opposé et considérèrent que Byron agissait pour le mieux, car le couvent était dans une position saine et les religieuses seraient gentilles avec l'enfant. Cette idée de Marie serait naturellement acceptée par certains et désapprouvée par d'autres ; mais à cette époque, il n'y avait certainement aucune raison d'indiquer que Bagnacavallo serait plus fatal à Allegra que n'importe quel autre endroit, même si les appréhensions de Claire se réalisaient cruellement. À partir de ce moment-là, Claire et Byron s'écrivirent des lettres de récrimination qui, compte tenu de l'entêtement de Byron contre les sentiments de la mère, Shelley et Mary en vinrent à les considérer comme tyranniquement insensibles.

En mai, Shelley, sa femme et son fils retournèrent aux bains de San Giuliano et, pendant leur séjour, *Adonais de Shelley* fut publié. En 1820, lorsque les Shelley apprirent la maladie mortelle de Keats par Mme Gisborne, qui l'avait rencontré le lendemain de l'arrêt de mort du médecin, ils furent les premiers à le supplier de les rejoindre à Pise. Une petite touche de critique poétique, cependant, semble avoir pesé plus sur le sensible Keats que ces considérations amicales pour sa santé, et alors qu'il était sur le point d'accompagner son ami M. Severn à Rome, il n'accepta pas leur aimable offre, bien que selon toute probabilité, Pise aurait été meilleure pour lui.

Pendant cet été, aux bains, Marie avait terminé son roman de *Valperga* et l'avait lu à son mari, qui l'admirait extrêmement. Il le considérait comme « un tableau vivant et animé d'une époque presque oubliée, une étude approfondie des passions de la nature humaine ».

Valperga , publié en 1823, l'année après la mort de Shelley, est un roman du XIVe siècle en Italie, au plus fort de la lutte entre les Guelfes et les Gibelins, lorsque chaque État et presque chaque ville était en guerre l'un contre l'autre ; un état de choses qui se prête au romantisme. La connaissance intime de Mary Shelley avec l'Italie et les Italiens lui donne les connaissances nécessaires pour écrire sur ce sujet. Ses études italiennes zélées lui viennent en aide et son amour de la nature donne vie et vitalité au lieu. Valperga, la maison ancestrale du château d'Euthanasie, une dame florentine de la faction Guelph, est décrite de la manière la plus pittoresque, sur sa corniche rocheuse en saillie, dominant la plaine de Lucques ; les paysans dépendants d'alentour heureux sous la protection de leur bonne Signora. Que cette belle et noble dame soit fiancée à un chef gibelin est une combinaison naturelle ; mais lorsque son amant Castruccio, prince de Lucques, pousse son enthousiasme politique jusqu'à faire la guerre à sa ville natale de Florence, dont la grandeur républicaine et l'amour de l'art sont heureusement décrits, l'euthanasie ne peut pas laisser l'amour faire obstacle au devoir et à la gratitude envers tous ceux qui lui sont chers. La lutte acharnée est bien décrite, car Euthanasia aime Castruccio depuis son enfance. En jouant dans les montagnes de sa maison de Valperga, Castruccio apprit les chemins secrets menant au château, connaissances qui l'aidèrent plus tard à prendre la forteresse quand Euthanasie refusa de la lui céder. Le caractère de Castruccio est également bien décrit : son attachement dévoué à l'euthanasie dont rien ne pouvait le détourner, jusqu'à ce que les passions du conquérant et de la faction du parti soient encore plus fortes ; et la force irrésistible qui le pousse à faire la guerre et à soumettre les Guelfes, ce qu'elle considère comme un meurtre et un viol, désunit des êtres apparemment formés les uns pour les autres. Toutes ces différentes émotions sont représentées avec beaucoup de beauté et de simplicité.

Les superstitions italiennes sont bien illustrées, comme la façon dont les Florentins attribuaient toute bonne et mauvaise fortune à la conjonction des étoiles. Le pouvoir de l'Inquisition à Rome entre également en jeu lorsque la belle prophétesse Béatrice (l'enfant de la prophétesse Wilhelmine) qui dut être confiée au lépreux pour protection, car même sa hutte sale et déserte était plus sûre pour elle que celle qu'elle avait L'Inquisition devrait savoir qu'elle existait. Elle est sauvée du lépreux par un évêque qui a entendu son histoire sur le lit de mort de la femme à qui sa mère mourante l'avait confiée. Elle fut alors élevée par la sœur de l'évêque. L'esprit de prophétie de sa mère a été hérité par la fille ; et comme la mère se croyait une émanation du Saint-Esprit, Béatrice se croyait l'Ancilla Dei. Ces fantaisies mystiques et leur fonctionnement sont représentés avec beaucoup de beauté et de force.

Ces Donne Estatiche apparaissent pour la première fois en Italie après le XIIe siècle et se sont poursuivies jusqu'à l'époque choisie par Mary Shelley pour son roman. Après avoir rendu compte de leurs prétentions, Muratori observe gravement : « Nous pouvons croire pieusement que certains se distinguaient par des dons surnaturels et étaient admis aux secrets du ciel, mais nous pouvons à juste titre soupçonner que la source de beaucoup de leurs révélations était leur imagination ardente remplie avec des idées de religion et de piété. Béatrice, en prophétisant le règne des Gibelins à Ferrare, est saisie par les émissaires du pape et doit subir l'épreuve des socs chauffés à blanc, qu'elle traverse indemne, après avoir apparemment eu une connivence pour l'aider à s'en sortir. Son exaltation et son enthousiasme deviennent intenses, et ce n'est qu'après un grand choc qu'elle prend conscience de la fausseté de sa position ; car, ayant rencontré Castruccio lors de sa mission à Ferrare, elle est irrésistiblement attirée par lui, et, mêlant son engouement à ses idées mystiques, n'hésite pas à prendre avec lui des rendez-vous secrets, ne doutant jamais que son amour lui soit rendu, et qu'ils ne font qu'un dans l'âme. Quand enfin Castruccio doit retourner à Lucques et retrouver sa fiancée Euthanasie, le choc pour la pauvre mystique Béatrice est terrible. Finalement, elle est accueillie comme une pèlerine parcourant son chemin fatigué vers Rome. Assurément, Shelley avait raison d'admirer ce personnage. Il y a une simplicité dans l'intrigue dans laquelle l'histoire mouvementée de l'époque est clairement introduite, ce qui donne beaucoup d'intérêt à ce roman, et c'est un progrès décisif par rapport à *Frankenstein* , même s'il ne faut pas oublier son âge au moment où il a été écrit. Un livre de ce genre montre avec force les troubles auxquels un beau pays comme l'Italie est exposé par la désunion, et doit remplir le cœur de tous les amoureux de ce beau pays de gratitude envers les hommes nobles qui se sont volontairement sacrifiés pour aider à la cause de l'unité. Italie; ceux dont les chants excitaient le peuple et portaient l'espoir même dans le cœur des prisonniers des pozzi de Venise ; car l'homme d'idées qui peut soulever la nation par ses chants n'aide pas moins que le brave soldat qui peut aider avec ses armes, mais hélas ! il ne vit pas toujours assez longtemps pour voir le triomphe qu'il a contribué à réaliser. [Note de bas de page : Gabriele Rossetti, que Mary Shelley a connu et auquel elle s'est référée pour obtenir des informations en écrivant ses vies de poètes italiens, aurait été le premier à avoir, dans les temps modernes, l'idée d'une Italie unie sous un monarque constitutionnel, pour cette idée et pour ses chants entraînants, il fut contraint de quitter l'Italie par Ferdinand Ier de Naples en 1821, et resta exilé en Angleterre jusqu'à sa mort en 1854, à l'âge de 71 ans. Comment Mary Shelley, avec son mari, dut-elle avoir sympathisé avec ces idées avec leur amour de l'Italie peut être compris, même si ce sont le climat et la beauté de l'Italie qui ont charmé Shelley plus que les gens ; mais alors n'était-il pas aussi exilé de sa terre natale ?]

Ce travail, une fois terminé, fut envoyé à son père par Mary, car il s'agissait d'un travail d'amour, et la somme de quatre cents livres que Godwin obtint fut consacrée à l'aider dans ses difficultés. Malheureusement, le roman ne fut publié que l'année suivant la mort de son mari.

CHAPITRE XII.

DERNIERS MOIS AVEC SHELLEY.

EN juillet 1821, Shelley laissa sa femme aux bains tandis qu'il partait chercher une maison à Florence pour l'hiver ; mais il revint au bout de trois jours sans succès. Il reçut alors une lettre de Byron le suppliant de se rendre directement à Ravenne, diverses questions devant être discutées. Shelley est parti à deux heures de l'après-midi, le jour de son anniversaire, le 4 août. Ici, il a dû traverser le scandale Paolo-Hoppner, dont nous avons parlé. Shelley a dû écrire des lettres à Mary à ce sujet, et Mary a écrit le déni le plus indigné et le plus décisif de l'imputation, sur son mari et Claire. Elle écrit : « Je jure par la vie de mon enfant, par mon bien-aimé enfant, que je sais que les accusations sont fausses. » S'il en fallait davantage, l'exposé clair de M. Jeaffreson et plus tard du professeur Dowden ne laisse rien à dire. Shelley a écrit à Mary décrivant sa visite à Allegra au couvent, où il l'a trouvée joliment vêtue de mousseline blanche avec un tablier de soie noire. C'était une enfant très gracieuse et aérienne ; elle emmena Shelley partout dans le couvent et commença à sonner la sonnette d'appel des religieuses, sans être réprimandée - bien que la prieure ait eu beaucoup de mal à empêcher les religieuses de se rassembler habillées ou déshabillées - ce qui frappa Shelley comme montrant qu'elle était bien traitée. Avant de quitter Ravenne, vers le 17 août, il écrivit pour remercier sa femme de la promesse de sa miniature, réalisée par Williams, qu'il reçut d'elle quelques jours plus tard aux thermes de Pise. Mary et Shelley étaient toutes deux de celles qui, partout où elles trouvaient un ami, trouvaient aussi un retraité ou une personne dont elles pouvaient bénéficier ; car ils ne cherchaient pas leurs amis pour un avantage personnel, et étaient parmi ceux qui considèrent qu'il est plus béni de donner que de recevoir. En janvier 1821, Mme Leigh Hunt écrivit à Mary Shelley, la suppliant d'aider son mari et sa famille à venir en Italie : il était malade et déprimé, et entouré de tous ses enfants malades et souffrants. Pendant que Shelley était à Ravenne, il a abordé ce sujet avec Byron, qui a proposé que lui, Shelley et Leigh Hunt créent un périodique pour leurs œuvres communes et partagent les bénéfices. Shelley n'était pas d'accord avec cela pour lui-même, car il n'était pas populaire et ne pouvait que tirer profit des autres ; mais pour Hunt, c'était différent, et Shelley lui écrivit joyeusement de Pise, à son retour de Ravenne, de les rejoindre le plus tôt possible. Des retards se produisirent dans le départ de Hunt et Byron reçut des lettres d'Angleterre l'avertissant de ne pas se joindre à Shelley et Hunt. Byron arriva à Pise avec la comtesse Guiccioli et son frère Pietro Gamba, le 1er novembre, au palais Lanfranchi, et les Shelley avaient des appartements au sommet des I Tre Palazzi di Chiesa, en face. Claire, qui avait séjourné chez eux et les avait accompagnés lors d'un voyage à Spezzia, était maintenant de retour chez le professeur Bojti à Florence.

Mary avait pour tâche de meubler le rez-de-chaussée du palais Lanfranchi de Byron pour les chasses, bien que Byron ait insisté pour payer pour cela. Hunt, quant à lui, n'a pas pu continuer au-delà de Plymouth cet hiver-là, où ils ont été obligés de rester en raison du stress climatique et de la maladie de Mme Hunt. Ainsi s'écoulèrent quelques mois, pendant lesquels Byron perdit les premières ardeurs de l'entreprise et devint très tiède. Ce fut probablement lorsque Mary eut de bonnes raisons de prévoir ce résultat qu'elle écrivit ainsi à Hunt :

MON CHER AMI,

Je sais que S. a une idée pour te persuader de venir ici. Je suis trop malade pour écrire les raisonnements, permettez-moi seulement de vous supplier de ne laisser aucune persuasion vous inciter à venir ; des sentiments égoïstes, vous pouvez en être sûr, ne me dictent pas, mais ce serait une folie totale à venir. J'aimerais pouvoir écrire davantage. J'aurais aimé être avec toi pour t'aider. J'aimerais pouvoir briser mes chaînes et quitter ce donjon. Adieu, j'aurai des nouvelles de votre santé et de celle de Marianne par S.

Toujours ton M.

Shelley a été obligé de demander à Byron de l'aider avec de l'argent à prêter à Hunt, et Byron avait cessé de se soucier du *Liberal*, le magazine en projet.

Pendant leur séjour près de Byron, les Shelley recevaient un afflux important de visiteurs, souvent au grand dam de Shelley, et Mary écrivit leur souhait, si la Grèce était libérée, de s'installer dans l'une des belles îles.

La mi-janvier a amené un visiteur chez les Shelley, qui, présenté par les Williams, est devenu plus qu'une figure passagère dans la vie de Mary. En Edward John Trelawny, elle a trouvé un ami fidèle pour toujours. Trelawny, qui avait mené une vie sauvage depuis le moment où il avait quitté la marine alors qu'il n'était qu'un enfant, était un personnage remarquable partout où il était connu. Avec un peu de respect pour les croyances orthodoxes, il devait avoir certains des traits des anciens Vikings avant de rencontrer Shelley ; mais à partir de ce moment-là, il devint son admirateur dévoué, ou, comme l'ont observé ceux qui le connaissaient, comme Achab aux pieds d'Elie, de même Trelawny chez Shelley était prêt à s'humilier pour la première fois ; et jusqu'à la fin de sa longue vie, il ne parla jamais de lui sans vénération. Les idées exaltées de Shelley touchèrent une corde sensible dans le cœur de l'homme fort et, quelques semaines après sa mort, il se réjouit d'entendre parler d'une assemblée bondée à Glasgow, fut enthousiaste d'entendre une conférence sur Shelley et affirma que c'était « l'esprit de poésie qui avait besoin se répand maintenant ; la science est populaire à l'exclusion de la poésie en tant que régénératrice. »

Le lendemain de leur première rencontre avec Trelawny, Mary note dans son journal comment Trelawny a discuté avec Williams et Shelley de la construction d'un bateau qu'ils désiraient avoir et que le capitaine Roberts devait construire à Gênes sans délai. Un an plus tard, Mary a ajouté une note à cette entrée, dans laquelle elle et Jane Williams se sont ensuite moquées de la façon dont leurs maris avaient décidé sans les consulter, bien qu'ils aient convenu de détester le bateau. Elle ajoute : "Comme je me souviens bien de cette nuit ! Comme nous sommes myopes ! Et maintenant que son anniversaire est passé, je pense que je ne peux pas être le misérable que je suis vraiment moi aussi." Cet hiver, à Pise, Marie, avec des hommes populaires et forts pour la protéger, ne fut pas autant négligée qu'auparavant. Elle est allée au bal de Mme Beauclerc avec Trelawny ; mais elle évoque un étrange sentiment de dépression au milieu d'une assemblée gay.

Le 8 février, Shelley partit, avec Williams, à la recherche de maisons dans le quartier de Spezzia ; l'idée étant que les Shelley, les Williams, Trelawny et le capitaine Roberts, Byron, la comtesse Guiccioli et son frère devraient tous y passer l'été, même si Mary craignait que le groupe ne soit trop grand pour l'unité. Une seule maison convenable a pu être trouvée ; mais Shelley ne devait pas se laisser arrêter par une bagatelle pareille, et la maison devait suffire à tout.

Au début du printemps de cette année, Mary a écrit à Mme Hunt comment elle et Mme Williams partaient à la chasse à la violette, tandis que les hommes partaient pour de plus longues expéditions. Les Shelley et leurs environs ont dû maintenir les Anglais rassemblés à Pise dans un état d'excitation agréable. À un moment donné, Mary a provoqué une agitation en assistant au service dominical du Dr Nott, qui avait lieu au rez-de-chaussée de sa maison. À une occasion, il prêcha contre l'athéisme et, après avoir spécialement demandé à Mary d'y assister, cela fut considéré comme une attaque marquée contre Shelley, et on considéra que Mary avait pris part contre son mari.

Mary a écrit une lettre pathétique à Mme Gisborne disant qu'elle n'était allée à l'église que trois fois et qu'elle avait maintenant envie d'être dans une île entourée de mer avec Shelley et son bébé, mais que Shelley était mêlée à Byron et ne pouvait pas s'en sortir. Elle aspirait au temps au bord de la mer où elle aurait des bateaux et des chevaux.

Tandis que Mary aspirait à la sympathie avec les siens ou à la solitude avec Shelley, il regrettait pendant un certain temps de ne pas sympathiser avec sa poésie ou de ne pas la ressentir. C'était la vieille histoire de l'Alouette des Ciels. Alors qu'il cherchait l'inspiration auprès d'une nouvelle source, Mary n'est pas devenue aussi enthousiaste à l'égard de la nouvelle idée. Mais très probablement, malgré l'idée ultérieure de Trelawny et ses propres reproches de ne pas avoir fait tout ce qui était possible pour sympathiser avec Shelley, le comportement de Mary était vraiment le mieux calculé pour son confort. Un homme qui n'aimait pas les repas réguliers et les habitudes conventionnelles à cet égard n'aurait pas aimé que sa femme l'inquiète constamment à ce sujet et que l'assiette de charcuterie et de pain soit placée sur une étagère, car sa table était probablement couverte de papiers. – que Trelawny y trouva oublié, vers la fin d'une « journée perdue » comme Shelley l'appelait – n'était pas inapproprié pour quelqu'un qui oubliait ses repas et n'aimait pas être taquiné. Mary n'était pas de nature à faire, ni Shelley de nature à exiger une esclave docile ; et pendant le temps passé à Naples, pour lequel Mary éprouvait le plus de regret, Shelley écrivit d' elle comme « une amie chère avec qui des relations sexuelles de plusieurs années ajoutent à mon appréciation de sa valeur, et qui aurait plus le droit que quiconque de se plaindre d'avoir Je n'ai pas pu éteindre en moi le pouvoir même de décrire la tristesse.

Pendant ce temps, les visiteurs anglais croyaient et fabriquaient toutes sortes d'histoires sur les Anglais excentriques alors à Pise. Trelawny avait été assassiné – Byron blessé – et Taaffe était gardé par des bouledogues dans la maison de Byron ! Ces rumeurs ont fait rire les personnes concernées.

Un jour, Mme Shelley et la comtesse Guiccioli furent témoins, depuis leur voiture, de la liaison avec le dragon Masi, lorsqu'il se bouscula contre Taaffe. Byron, Shelley et Gamba le poursuivirent ; Shelley, qui l'a rejoint en premier, a été renversé, mais a été secouru par le capitaine Hay. Le dragon fut finalement blessé par l'un des serviteurs de Byron, pensant que c'était lui qui avait blessé Byron.

Pendant cette période passionnante à Pise, Claire dévorait son cœur à Florence de désirs et de regrets pour Allegra ; et Mary et Shelley essayaient de la calmer par des lettres, et devenaient de plus en plus mécontents du traitement que Byron avait réservé à la mère. Il y a des entrées dans le journal de Claire concernant sa toux, et la dernière entrée avant le jour où elle a quitté Florence pour Pise, le 13 avril, est effacée. Ensuite, il y a l'un de ses blancs inquiétants d'avril à septembre.

Alors que Claire voyageait avec Williams et sa femme à Spezzia pour chercher une maison, des nouvelles arrivaient de Bagnacavallo qui confirmaient ses pires craintes. Le typhus avait ravagé le couvent et le quartier, et la fragile fleur avait succombé. Shelley et Mary sont déterminés à cacher ces « mauvaises nouvelles », comme Mary l'appelle, à Claire jusqu'à ce qu'elle soit loin du quartier de Byron. Alors, au retour de la visite infructueuse à Spezzia, ils doivent cacher leur chagrin et leurs sentiments. Shelley, toujours inquiète de la détresse de Claire, la persuada d'accompagner Mary à Spezzia, lui disant qu'elles devaient prendre toutes les maisons qu'elles pourraient obtenir. Claire avait pensé à retourner à Florence, mais fut rejetée par Shelley qui, comme

Mary l'écrivit à Mme Gisborne, emporta tout comme un torrent devant lui et envoya Mary et Claire avec Trelawny à Spezzia. Shelley les suivait avec leurs meubles dans des bateaux ; et ainsi, le 26 avril, Shelley, ou le destin, les précipita de malheur en malheur, en emmenant Claire dans un havre où elle pourrait être aidée à supporter ses douloureux ennuis. Mary et ses compagnes obtinrent la seule maison disponible – la Casa Magui, à San Terenzio, près de Lerici – dans laquelle il fut décidé qu'eux et les Williams devaient trouver de la place et apporter leurs meubles. Des difficultés de toutes sortes devaient être surmontées depuis le dogana. Les meubles arrivaient par bateaux, et on leur annonça que les droits s'élèveraient à trois cents livres, mais le capitaine du port permit gentiment qu'ils soient transportés à la villa comme à un dépôt jusqu'à ce que de nouvelles commandes arrivent. Ensuite, il y a eu les difficultés de Mme Williams, dont Shelley a écrit qu'elle avait envie de ses casseroles. Claire ressentait la nécessité de retourner à Florence, l'espace étant si petit. Mais il ne fallait pas y penser. Claire devait encore recevoir la nouvelle de la mort de son enfant et la chambre de Mme Williams devait être utilisée pour des consultations secrètes. Claire, entrant dans la pièce et voyant le silence agité à son approche, comprit aussitôt l'état de l'affaire. Elle sentait que son Allegra était morte, et il n'incombait qu'à Shelley de raconter la triste histoire d'un quartier ravagé par la fièvre et d'un enfant atteint de fièvre mourant parmi les gentilles religieuses, qui sont toujours de bonnes infirmières. Le chagrin de Claire était intense ; mais tout ce qu'elle voulait maintenant, c'était voir le cercueil de son enfant, une image d'elle et une mèche de ses cheveux dorés (dont une dernière partie est maintenant en possession de l'écrivain). Ce dernier que Shelley a aidé à obtenir pour elle ; mais Claire ne lui pardonna jamais d'avoir envoyé son enfant au couvent de Romagne, ni ne lui permit de revoir son petit.

Le 21 mai, Claire partit pour Florence et Mary resta avec son mari et les Williams à Casa Magni. Ces troubles qui se succédèrent rapidement, ainsi que le fait que Mary était de nouveau dans un état de santé délicat, laissèrent le cercle dans un état d'appréhension désarticulé et nerveux. Shelley a eu des visions d'Allegra s'élevant de la mer, frappant dans ses mains et lui souriant. Mme Williams a vu Shelley sur le balcon, puis il n'était plus là et il n'y était pas non plus. Shelley allait du ravissement sauvage devant la beauté qui l'entourait, à des accès de découragement tels que lorsqu'il a proposé de la manière la plus coupable à Mme Williams, alors qu'il était dans un bateau avec lui et ses bébés, dans la baie : « Maintenant, résolvons ensemble le grand mystère. ". Mais elle réussit à le faire tourner vers la côte et s'enfuit du bateau à la première occasion.

Marie n'était pas sans périodes prophétiques : une profonde mélancolie s'installait en elle au milieu de ce beau paysage. Généralement à l'aise avec la montagne et l'eau, elle ne se sentait plus opprimée que par leur proximité.

Shelley travaillait sur le *Triomphe de la vie* , l'un de ses plus grands poèmes ; mais Mary était toujours inquiète, sauf lorsqu'elle était avec son mari, du moins lorsqu'elle était allongée dans un bateau, la tête sur ses genoux. Si Shelley était absente, elle craignait pour Percy, son fils, de sorte que, malgré l'oasis de paix, de repos et de beauté qui les entourait, elle était faible et nerveuse ; et Shelley, de peur de lui faire du mal, dut cacher tout ce qui pouvait la troubler, en particulier l'état de nouveau critique des affaires de son père, qui manquait de quatre cents livres à composer avec ses créanciers. Ces inquiétudes pour la santé et la tranquillité d'esprit de Mary, et la nécessité qui en résultait de lui cacher tout sujet difficile, ont peut-être incité Shelley, en écrivant à Claire, à adopter un ton confidentiel qui ne serait pas autrement conseillé.

À Casa Magni, le bateau fatal dont on avait parlé lors de la première soirée passée par Trelawny avec les Shelley est arrivé. Le « jouet parfait pour l'été » avait été construit contre l'avis de Trelawny, par un constructeur naval génois, d'après un modèle obtenu par le lieutenant Williams dans l'un des chantiers navals royaux d'Angleterre. À l'origine, il était prévu de l'appeler *Don Juan* , mais des circonstances récentes avaient provoqué une rupture dans l'intimité de Shelley avec Byron, et Shelley sentait que cela serait éternel. Il ne souhaitait donc plus qu'un nom lui rappelle Byron et donna au petit bateau le nom d' *Ariel* , *proposé par Trelawny*. Avec beaucoup de difficulté, le nom *Don Juan* fut retiré de la voile, où Byron avait manœuvré pour la faire peindre.

Vers la fin du mois de mai, Mary souffrait gravement ; les difficultés liées au ménage, tant pour les Williams que pour eux-mêmes, n'étaient pas une mince affaire. Les provisions devaient être récupérées à une distance de plus de trois milles. Shelley écrit à Claire, espérant qu'elle pourra leur trouver un homme-cuisinier. Comme Mary allait un peu mieux quand Shelley l'écrivait, il craignait d'avoir à lui parler des affaires de Godwin, mais il retarda ce jour funeste.

Le 6 juin, nous trouvons Shelley partant avec Williams dans l' *Ariel* pour rencontrer Claire en route de Florence à Casa Magni. Le calme les ayant retardés jusqu'au soir, ils furent trop tard pour rencontrer Claire, qui continua par terre vers la Via Reggio. Shelley et Williams, revenant par mer, arrivèrent chez eux peu de temps avant elle. Leur retour et son arrivée n'étaient pas trop tôt ; car, le 8 ou le 9, Mary tomba dangereusement malade, comme elle l'écrivit en août à Mme Gisborne : « J'étais si malade que pendant sept heures je restai presque sans vie, empêchée de m'évanouir par le cognac, le vinaigre, l'eau de Cologne. , etc. Finalement, la glace fut apportée à notre solitude ; elle fut présentée au médecin, si bien que Claire et Jane eurent peur de l'utiliser ; mais Shelley les ignora, et, grâce à une application sans ménagement, elles furent toutes rétablies. Je pensais, et moi aussi à un moment donné, que j'étais sur le point de mourir.

Shelley, à la hauteur de la situation, ressentit ensuite des tensions sur ses nerfs et, une semaine après que sa femme fut hors de danger, il l'alarma grandement, ainsi qu'elle le raconte : « Bien qu'étant encore incapable de marcher, j'étais confiné dans mon lit. Au milieu de la nuit, je me suis réveillé en l'entendant crier, et je me suis précipité dans ma chambre ; j'étais sûr qu'il dormait, et j'ai essayé de le réveiller en l'appelant mais il a continué à crier, ce qui m'a inspiré une telle panique ; que j'ai sauté du lit et couru à travers le couloir jusqu'à la chambre de Mme Williams, où je suis tombé de faiblesse, même si j'étais si effrayé que je me suis relevé immédiatement. Elle m'a laissé entrer et Williams est allé voir Shelley qui avait été réveillée par. ma sortie du lit. Il dit qu'il n'avait pas dormi, et que c'était une vision qu'il avait eue qui l'avait effrayé. Mais comme il déclara qu'il n'avait pas crié, c'était certainement un rêve, et pas une vision éveillée. " Et ainsi les beaux mois d'été se passèrent avec toutes ces émotions variées, avec des pensées s'élevant aux plus hauts sommets de l'imagination comme dans le *Triomphe de la Vie* , et avec la jouissance des idéaux élevés d'autrui, comme dans la lecture des drames espagnols : la musique aussi a donné un enchantement lorsque Jane Williams jouait de sa guitare. Avec la beauté intense du paysage, et la sauvagerie des indigènes qui dansaient parfois toute la nuit sur le sable devant leur maison ; les émotions de la vie semblaient comprimées dans ce temps, passé dans ce qui serait considéré par beaucoup comme une grande monotonie, en compagnie de Trelawny et des Williams. Et voici qu'un événement longtemps espéré arrivait, car les Hunts étaient dans le port de Gênes, et Shelley devait les rencontrer à Livourne, car la lettre de Hunt, qui leur parvenait le 19 juin, avait été trop longtemps retardée pour permettre à Shelley de les rencontrer. les rejoindre à Gênes. Le 1er juillet, on apprit le départ des Hunt de Gênes ; et à midi, une brise s'élevant de l'ouest décida qu'il était souhaitable de partir immédiatement pour Livourne. Shelley, accompagné du capitaine Roberts qui l'avait rejoint à Lerici, arriva vers neuf heures du soir, après que les officiers de santé eurent quitté leur bureau. Les voyageurs n'ont donc pas pu atterrir ce soir-là, mais ont passé du temps à côté du yacht de Byron, le *Bolivar* , d'où ils ont reçu des couvertures pour la nuit.

Les nouvelles du lendemain matin arrivaient de la villa de Byron, qui commençaient déjà à vérifier les pressentiments de Mary dans sa lettre à Hunt et prouvaient la clairvoyance de ses prévisions. Des troubles ayant eu lieu dans sa maison de Monte Nero, le comte Gamba et sa famille furent bannis de Toscane par le gouvernement, et des rumeurs couraient que Byron pourrait partir immédiatement pour l'Amérique ou la Suisse. C'était en effet une nouvelle éprouvante pour Shelley de devoir se rendre chez les Hunt lors de leur première rencontre à l'hôtel de Livourne, où, après quatre ans, les deux amis se retrouvèrent à nouveau. La rencontre fut des plus touchantes, comme le rappela Thornton Hunt des années plus tard. Shelley avait beaucoup de travail sous la main pendant quelques jours ; il a procuré Vacca, le médecin, pour Mme Hunt ; et dut soutenir son ami pendant son anxiété quant à la santé de sa femme et son incertitude quant à la conduite de Byron. Shelley ne songerait pas à le quitter avant de l'avoir vu confortablement installé au palais Lanfranchi, dans les chambres que Mary lui avait préparées à la demande de Byron. La tâche encore plus difficile, consistant à imposer à Byron une promesse d'assistance à l'égard des *libéraux* , fut également accomplie ; et après un ou deux jours de découragement, pendant lesquels Shelley écrivit à Mme Williams le 4 juillet pour soulager son propre découragement, et à sa femme pour soulager le sien, car sa dépression d'esprit exigeait plus d'encouragement que d'ajout, il écrivit : "Comment vas-tu, ma meilleure Mary ? Écris surtout comment va ta santé et comment va ton moral, et si tu n'es pas plus disposée à rester à Lerici, au moins pendant l'été. Tu ne te doutes pas à quel point je suis pressé et occupé. Je n'ai pas un moment de loisir, mais j'écrirai d'ici le prochain message.

Peu de temps après avoir écrit ces lettres, Shelley constata avec exultation que son travail était terminé. Comme d'habitude, il avait tout emporté devant lui et avait obtenu la « Vision du jugement » de Byron pour le premier numéro du *Libéral* , et le 7 juillet, il était en mesure de montrer à ses amis les vues toujours délicieuses de Pise. Il restait ainsi un jour de repos et de plaisir à Shelley après avoir fait tout son possible pour aider son ami Hunt. Jusqu'au bout, Shelley resta fidèle à son objectif : faire tout ce qu'il pouvait pour les autres. Ses entretiens avec Byron avaient fait resurgir le sentiment amical que seule la mort devait désormais rompre, et les deux grands noms, que rien ne peut diviser, sont liés par la chaîne incassable du génie, le génie, le feu de l'univers, qui parfois faible, mais qui, s'enflammant ici et là, éclaire les sombres recoins de l'âme de l'univers - génie qui a fait le monde que nous connaissons, qui, jamais absent, quoique endormi, a changé la pierre en la pierre. la fleur, la fleur à l'animal, et, gagnant toujours en degré à travers les différentes étapes de la vie, est l'attribut divin, la volonté, l'idée. Génie manifesté dans le plus grand et le meilleur de l'humanité, montré en effet comme la Parole de Dieu, ou comme celui qui tient le miroir de la nature, ou par le grand pouvoir qui, en couleur ou en monotone, peut montrer l'amour et l'agonie d'un Christ mourant. ; par le poète aimant, qui peut dépasser son âge pour défendre un objectif désintéressé de perfection du monde ; par tous ceux qui, se débarrassant parfois de leurs attributs mortels, peuvent vivre la vraie vie libre des plaisirs trop absorbants de la chair, dont on ne peut jouir qu'en se divisant.

Mais maintenant, le combat mortel de Shelley était presque terminé ; celui qui n'avait pas laissé dormir son ou ses myriades de talents devait se reposer, l'œuvre de sa vie était presque terminée. Non pas que le bien soit jamais terminé ; en vérité, à travers des milliers de générations, à travers l'éternité, cela dure ; tandis que le mauvais — peut-être pas inutile — est la paille qui se disperse et qui n'a d'autre résultat que de se précipiter sur la volonté divine. Notre vie est double. Les atomes de Shelley devaient retourner à leurs éléments primordiaux. Les atomes inconnus ou leurs attributs devaient sans aucun doute poursuivre leur œuvre ; il avait ajouté à l'intellect éternel.

Les derniers faits de la vie de Shelley sont relatés par Trelawny et par Mme Shelley. Le matin du 8 juillet, après avoir terminé ses préparatifs pour les chasses et passé une journée à montrer les nobles sites de Pise, Shelley, après avoir fait des achats pour leur maison et obtenu de l'argent de son banquier, accompagné de Trelawny pendant la matinée, était prêt. à midi pour embarquer sur l'*Ariel* avec Edward Williams et le matelot Charles Vivian. Le capitaine Roberts n'était pas sans appréhensions quant au temps et pressa Shelley de retarder son départ d'un jour ; mais Williams avait hâte de rejoindre sa femme, et Shelley n'était pas d'humeur à contrarier ses vœux. Trelawny, qui souhaitait les accompagner au large à bord du *Bolivar*, en fut empêché, n'ayant pas obtenu son ordre de santé, et ne put donc qu'à contrecœur rester derrière et surveiller la petite embarcation de ses amis à travers la lunette d'un navire.

Des erreurs ont été constatées, le second du *Bolivar* faisant remarquer qu'ils auraient dû partir à l'aube au lieu d'après une heure ; qu'ils étaient trop près du rivage; qu'il y aurait bientôt une brise de terre ; le hunier aurique était insensé dans un bateau sans pont et sans marin à bord ; puis, désignant le sud-ouest : « Regardez ces lignes noires et ces chiffons sales qui pendent du ciel ; regardez la fumée sur l'eau ; le diable prépare le mal.

La tempête qui approchait était également surveillée par le capitaine Roberts du phare, d'où il vit le hunier rentré ; alors le navire chargé de vie si précieuse n'a plus été vu dans le brouillard de la tempête. Pendant un certain temps, la mer parut solidifiée et apparut comme du plomb, avec une écume huileuse ; le vent ne l'a pas agité. Puis des bruits de tonnerre, de vent et de pluie ont rempli l'air ; cela dura avec fureur vingt minutes ; puis une accalmie et des regards inquiets parmi les bateaux qui s'étaient précipités dans le port pour écouter Shelley. Aucun verre ne pouvait le trouver à l'horizon. Trelawny débarqua à huit heures ; les enquêtes étaient inutiles. Une rame a été vue sur un bateau de pêche : elle pourrait être anglaise, elle pourrait être celle de Shelley ; mais cela a été nié. Il ne restait plus qu'à attendre le troisième jour, lorsqu'il retourna à Pise pour faire part de ses craintes à Hunt et à Byron, qui ne pouvaient qu'écouter avec des lèvres tremblantes et parler d'une voix chancelante.

Tandis que ces amis s'agitaient entre l'espoir et la crainte, le temps s'écoulait avec lassitude à San Terenzio. Jane Williams a reçu ce jour-là une lettre de son mari (écrite samedi depuis Livourne), où il attendait Shelley. Il précisait que s'ils ne revenaient pas lundi, il reviendrait certainement au plus tard jeudi en felouque, seul, si nécessaire. Le lundi fatal s'est déroulé au milieu de la tempête et de la pluie, et Mme Shelley et Mme Williams n'avaient aucune idée que leurs maris avaient commencé dans un temps pareil à celui qu'ils ont connu. Mary, qui était alors à peine remise de sa dangereuse maladie et ne pouvait pas rejoindre Claire et Jane Williams dans leurs promenades du soir, ne pouvait que faire les cent pas dans la véranda et se sentir opprimée par la beauté même qui l'entourait. Ainsi, jusqu'à mercredi, ces jours de tempête, d'oppression et de peurs indéfinies sont passés ; puis, des felouques arrivant de Livourne, on les informa que leurs maris étaient partis lundi ; mais on ne pouvait pas le croire. Jeudi est arrivé et est passé, *le* jeudi qui devrait être le dernier pour l'arrivée de Williams. Le vent avait été favorable, mais minuit arriva, et Mary et Jane étaient toujours seules ; puis la triste espérance fit place à une anxiété effrayante précédant le désespoir ; mais vendredi était le jour des lettres – attendez ça – et aucun bateau ne pouvait partir. Vendredi midi, des lettres sont arrivées, mais pas *de Shelley* . Hunt lui écrivit : « Priez, écrivez-nous pour nous dire comment vous êtes rentré chez vous, car on dit que vous avez eu du mauvais temps après votre départ lundi, et nous sommes inquiets. Mary avait lu jusqu'ici lorsque le papier lui tomba des mains et elle trembla de partout. Jane l'a lu et a dit : « Tout est fini. » Mary répondit : "Non, ma chère Jane, tout n'est pas fini ; mais ce suspens est épouvantable. Viens avec moi ; nous irons à *Livourne* ; nous posterons, pour être rapides et connaître notre sort."

Ainsi, comme le décrit Mary Shelley elle-même, ils traversèrent jusqu'à Lerici, le désespoir dans le cœur, deux pauvres créatures sauvages et consternées se dirigeant, « comme Mathilde », vers la mer pour savoir si elles seraient à jamais vouées à la misère. L'idée de revoir Hunt pour la première fois après quatre ans, pour lui demander « Où est-il ? a failli faire entrer Mary dans des convulsions. En frappant à la porte de la Casa Lanfranchi, ils découvrirent que Lord Byron était à Pise et. Hunt étant au lit, leur entretien devait avoir lieu avec Byron, seulement pour entendre : « Ils ne savaient rien. Il avait quitté Pise dimanche ; lundi, il avait navigué. Il y avait eu du mauvais temps lundi après-midi ; plus ils n'en savaient pas. Mary, qui s'était levée d'un lit de maladie pour le voyage et avait voyagé toute la journée, devait maintenant à minuit se rendre à Livourne à la recherche de Trelawny ; car quel repos pourrait-il y avoir avec un doute aussi terrible qui pèse sur leur vie ? Ils ne pouvaient pas désespérer, car cela aurait été la mort ; ils ont dû traverser des heures et des jours d'angoisse plus longs pour soumettre leur âme à supporter l'inévitable.

Ils atteignirent Livourne et furent conduits à la mauvaise auberge. Rien d'autre à faire qu'attendre le matin – mais attendre habillés jusqu'à six heures – lorsqu'ils se rendirent dans d'autres auberges et trouvèrent le capitaine Roberts. Son visage montrait que le pire était vrai. Elles savaient seulement comment leurs maris étaient partis. Pourtant, l'espoir n'était pas mort ; leurs maris ne seraient-ils pas en Corse ou à l'île d'Elbe ? On disait qu'ils avaient été aperçus dans le Golfe. Ils résolurent de revenir ; mais maintenant plus seul, car Trelawny les accompagnait. L'agonie succédait à l'agonie ; l'eau qu'ils ont traversée a dit à Mary que c'était sa tombe.

En traversant la baie, ils virent San Terenzio illuminé pour une fête, alors que le désespoir était dans leurs cœurs. Les jours passèrent, une semaine comptait toujours pour deux pour Mary, puis, alors qu'elle était très malade, Trelawny, attendu depuis longtemps par ses recherches, revint, et maintenant ils savaient que tout était fini, car les corps avaient été jetés. à terre. L'un était un personnage grand et léger, avec Sophocle dans une poche de la veste et les derniers poèmes de Keats dans l'autre ; la poésie qu'il aimait est restée ; son corps n'était qu'un simple cadavre mutilé, qui avait enfermé pendant un certain temps une telle intelligence divine. Le cadavre de Williams, également, a été retrouvé à quelques kilomètres de là, encore plus méconnaissable, à l'exception du mouchoir de soie noire noué à la manière d'un marin autour de son cou ; et après une dizaine de jours, un troisième corps fut découvert, un simple squelette, supposé être celui du marin Charles Vivian.

« N'y a-t-il aucun espoir ? » demanda Mary lorsque Trelawny réapparut le 19 juillet. Il ne put répondre, mais quitta la pièce et envoya la servante emmener les enfants chez leurs mères veuves. Puis, le 20, il les conduisit du bruit des vagues cruelles aux chasses de Pise.

Il ne restait plus qu'à accomplir les derniers rites funéraires. Mary a décidé que Shelley reposerait avec son fils bien-aimé au cimetière anglais de Rome. Avec quelques difficultés, Trelawny obtint la permission, avec l'aimable assistance du chargé d'affaires anglais à Florence, M. Dawkins, de faire brûler les corps sur le rivage, selon la coutume des corps rejetés de la mer, afin que les cendres pouvaient être enlevées sans crainte d'infection. Le four à fer fut construit à Livourne, aux dimensions d'un corps humain, selon les ordres de Trelawny ; et le 15 août, le corps du lieutenant Williams fut exhumé du sable où il avait été enterré lors de sa coulée. Byron l'a reconnu à ses vêtements et à ses dents. Les rites funéraires étaient accomplis par Trelawny en jetant de l'encens, du sel et du vin sur le bûcher, selon la coutume classique ; et lorsqu'il ne restait plus que quelques cendres noires et de petits morceaux d'os blancs, ceux-ci furent placés par Trelawny dans l'une des caisses en chêne qu'il avait prévues à cet effet, puis expédiés à Byron et Hunt. Le lendemain, un autre bûcher fut élevé et les soldats durent à nouveau creuser pour récupérer le corps enterré dans la chaux. Lorsqu'il fut placé dans le fourneau, il fallut trois heures avant que le corps dévorant ne montre le cœur encore non consommé, que Trelawny sauva du fourneau en l'arrachant avec sa main ; et là, au milieu de la beauté italienne, sur la côte italienne, fut consumé le corps du poète qui offrait un espoir immortel à son espèce, qui, avant les scientifiques, considérait comme un fait noble que l'humanité était progressiste ; qui, plus pour cela que pour son malheureux premier mariage et ses malheureuses suites, fut banni par ses compatriotes et tenu pour rien par sa génération. Mais, comme Claire l'écrivit plus tard dans son journal : « On pourrait dire de lui, comme Cicéron disait de Rome : « L'Angleterre ingrate ne possédera pas mes os ».

Les cendres du corps étaient placées dans le coffret en chêne ; ceux du cœur, remis par Trelawny à Hunt, furent ensuite remis en possession de Mary, qui les garda jalousement pendant sa vie, dans un endroit où ils furent retrouvés à sa mort, dans un écrin de soie, dans lequel était conservé un Pisan. copie de l' *Adonaïs* . Les cendres du corps de Shelley ont finalement été enterrées au cimetière de Rome, où la tombe du poète anglais constitue aujourd'hui l'un des liens les plus forts entre le monde présent et le monde passé ; et là, à côté de lui, reposent désormais les cendres de son fidèle ami, Trelawny, qui lui a survécu près de soixante ans.

CHAPITRE XIII.

VEUVAGE.

La dernière cérémonie était terminée, l'espoir, la peur, le désespoir étaient passés, et Mary Shelley devait recommencer sa vie, ou la mort dans la vie, son seul réconfort pour son petit fils, sa seule ressource pendant de nombreuses années de son travail. Heureusement pour elle, son éducation et ses habitudes studieuses constituaient un bouclier contre le monde froid qu'elle avait à affronter, et son économie personnelle accoutumée, qui l'avait préparée à être la digne compagne de son généreux mari, qu'elle avait encouragé plutôt que contrarié. dans ses actes de philanthropie constamment récurrents, il l'aiderait dans sa lutte actuelle ; et un ami était prêt à aider avec des conseils et avec ses maigres moyens alors, M. Trelawny. Mais l'Angleterre ne reçut aucune aide. Les affaires de Godwin, ayant atteint le point culminant de la faillite déjà mentionné, n'étaient pas susceptibles de se régler facilement maintenant que l'approvisionnement toujours prêt était soudainement interrompu.

Sir Timothy Shelley n'était pas enclin à maintenir les conditions qu'il avait conclues avec son fils, et rien ne devait être arrangé sans des conditions auxquelles Mme Shelley ne pourrait jamais consentir. De son abattement et de sa misère, on peut juger dans ses lettres de 1822 à Claire, comme lorsqu'elle écrit de Gênes, le 15 septembre, « Cette odieuse Gênes » ; et, décrivant sa misère à la mort de son mari, elle s'exclame : « Eh bien, j'aurai ses livres et ses manuscrits, et dans ceux-ci je vivrai, et de leur étude j'attends quelques instants de contentement… quelques secondes. d'exaltation qui peut me rendre à la fois plus heureux ici et plus digne de lui plus tard. Puis : « Il n'y a que du malheur pour moi, si ce n'est en effet à l'exception de Trelawny, qui semble si vraiment généreux et gentil… Rien que l'horreur d'être un fardeau pour ma famille m'empêche d'accompagner Jane (en Angleterre). Si j'en avais les titres à revenu fixe, je devrais aller au moins à Paris, et j'y irai dès que j'en aurai un. Et de nouveau, en décembre de la même année, elle écrit à Claire en l'appelant Mlle. de Clairmont, *chez* Mme. de Hennistein, Vienne. Elle évoque une démarche auprès de Sir Timothy, par l'intermédiaire d'avocats, encore avortée ; comme elle déteste Gênes ; "Hunt ne m'aime pas." Sa routine quotidienne consiste à copier les manuscrits de Shelley et à lire le grec ; dans son désespoir, l'étude est son seul soulagement. Elle ne voit que Lord Byron et les Guiccioli une fois par bouche, Trelawny rarement, et il est à la veille de son départ pour Livourne.

On retrouve ainsi Mary Shelley au jour le jour, trop pauvre pour voyager jusqu'à Paris, encore son enfant et son œuvre d'amour sur la SEP de son mari. remplissant son temps, jusqu'à ce qu'en février elle dut subir la mortification de son beau-père qui lui proposa de lui abandonner entièrement son fils et de recevoir en échange un revenu fixe. Mais Marie n'était pas de celles qui peuvent être achetées ou vendues, et, ayant en elle les moyens de subsistance, elle pouvait être indépendante ; une lettre de son père montre à quel point ils étaient d'accord sur ce sujet important, et cela a dû être un grand encouragement pour elle dans sa solitude, car elle a toujours été méfiante quant à ses propres forces. Cependant, son travail consistait désormais à arranger et à copier les manuscrits de son mari et à sauvegarder des trésors qui, sans ses soins affectueux, auraient pu être perdus. Au printemps de cette année 1823, Trelawny était à Rome pour aménager la tombe de Shelley, qu'il avait achetée pour lui-même avec le terrain attenant, et il y fit placer la dalle de pierre massive qui raconte encore le " *Cor cordium* ". la même année, Marie trouva le moyen de quitter Gênes, la détestée, et de voyager à travers la France ; elle séjourna quelque temps à Versailles chez les vieux amis de son père, les Kenny, et de cette visite l'une des filles, aujourd'hui Mme Cox, alors enfant d'environ six ans, garde un souvenir vif et agréable. Élevée en France et imprégnée de l'idée et des images de la Vierge à l'enfant, la petite fille, en voyant arriver Mme Shelley avec son petit fils, fut impressionnée par l'idée que la dame pâle, douce et aux dentelles ovales était la Madone. venez leur rendre visite ; et cette idée n'était pas dissipée par les manières douces et aimables qu'elle avait avec les enfants, rappelant à celle qui avait été punie par erreur que la prochaine fois qu'elle serait méchante, elle aurait été punie d'avance. Cette visite fut suivie plus tard par l'intimité et l'amitié des deux familles. À Londres (comme nous l'apprend une lettre adressée à Miss Holcroft, la fille de Mme Kenny, issue de son précédent mariage avec Holcroft), Mme Shelley était installée au 14, Sheldhurst Street, Brunswick Square. Elle espérait alors que son beau-père lui verserait une pension suffisante pour qu'elle puisse vivre confortablement dans sa chère Italie ; et, en tout cas, elle avait reçu « une provision présente, de sorte que beaucoup de bien au moins a été accompli par mon voyage ». Elle se sentait complètement perdue à Londres et Percy n'avait pas encore appris l'anglais. Elle avait vu Lamb, mais il n'avait pas remarqué qu'elle était modifiée. Elle serait ensuite retournée en Italie, mais son père n'aimait pas l'idée.

Entre autres travaux à cette époque, Mary Shelley tenta un drame, mais son père ne l'y encouragea pas, car il lui écrit en février 1824 que ses personnages ne sont que de simples abstractions, et non des hommes et des femmes. Godwin ne regrette pas de ne pas avoir de talent dramatique, car son manque lui épargnerait bien des ennuis et des mortifications.

Cette déception ne découragea pas Mary, car l'année suivante, elle publia, avec Henry Colburn de New Burlington Street, son roman *The Last Man* , dont une deuxième édition parut l'année suivante. Cela a dû être d'une grande aide pour les moyens limités de Mary : elle avait reçu quatre cents livres pour sa précédente romance.

Au cours de cette année, nous trouvons Mme Shelley vivant à Kentish Town, comme elle l'écrit à Trelawny en juillet 1824. Elle est très réconfortée de constater que son vieil ami se souvient encore d'elle. Elle parle de lui comme de son ami chaleureux , vestige des jours heureux de sa vie vagabonde dans la chère Italie, et maintenant, peu avant d'écrire, elle avait vu disparaître un autre lien de sa vie passée ; car le corbillard contenant le corps de Lord Byron était passé devant sa fenêtre en remontant Highgate Hill, lors de son dernier voyage vers le siège de ses ancêtres. Mary avait été très intéressée par le récit que Trelawny lui avait envoyé des derniers moments de Byron. Elle était allée voir les restes du poète dans la maison où ils reposaient à Londres. Elle vit son valet de chambre, Fletcher, et « d'après quelques mots qu'il laissa échapper imprudemment, il semblerait que Sa Seigneurie ait parlé de C... dans ses derniers instants, et de son désir de faire quelque chose pour elle, à une époque où son l'esprit, oscillant entre la conscience et le délire, ne lui permettait pas de faire quoi que ce soit. Elle décrit comment Fletcher trouva Lady Byron dans un grand chagrin, mais inexorable, et comment les mémoires de Byron avaient été détruits par Mme Leigh et Hobhouse, mais ajoute : « Il n'y avait pas grand-chose dedans, je sais, car je les ai lus il y a quelques années à Venise ; mais le monde s'imaginait que c'était pour confesser les sentiments cachés de quelqu'un au sujet duquel ils étaient toujours passionnément curieux. » Elle dit que Moore était très dégoûté. Il écrivait une vie de Byron, mais il s'envisageait que même s'il avait eu le MSS. si longtemps entre ses mains, il n'avait pas trouvé le temps de les lire. Elle demande à Trelawny d'aider Moore avec tous les faits ou détails. Mary remercie Trelawny pour son souhait qu'elle et Jane Williams, qui se voient et presque tous les jours, le rejoignent en Grèce. C'est impossible, mais elle cherche à ce qu'il vienne en Angleterre en hiver. Elle parle du mois de juillet comme d'un mois qui lui sera fatal, pour le meilleur comme pour le pire. « Ce jour même, écrit-elle le 28 juillet, je suis allée en France avec ma Shelley. Comme nous étions jeunes, insouciants, heureux et pauvres à l'époque, et maintenant mon garçon endormi est tout ce qui me reste de cela. le temps, mon garçon et mille souvenirs qui ne dorment jamais. Elle décrit les jolies routes de campagne autour de Kentish Town. Si seulement il y avait un ciel sans nuages et des couchers de soleil orange, le paysage ne la dérangerait pas ; mais elle ne peut s'attacher à personne. Elle et Jane vivent seules ; son enfant est en excellente santé, un grand, beau et beau garçon. Elle espère toujours recevoir de Sir Timothy, dans quelques mois, un revenu de trois ou quatre cents dollars par an ; l'un de ses principaux souhaits en étant indépendante serait d'aider Claire, qui est en Russie. Claire a écrit un bon récit de cette époque dans son journal.

Ces lettres à Trelawny donnent un bon aperçu de la vie actuelle de Mary Shelley et font référence à beaucoup d'intérêt pour son passé. Le 25 février, elle raconte comment elle avait été avec Jane, son père et le comte Gamba pour voir Kean à Othello, mais elle ajoute : « Pourtant, mon cher ami, j'aurais aimé que nous voyions cela représenté comme on en parlait à Pise. n'aurait jamais trouvé un meilleur représentant que cette créature étrange et merveilleuse qu'on regrette chaque jour davantage, car qui peut l'égaler ? Trelawny ajoute une note selon laquelle en 1822 Byron avait envisagé que lui, Trelawny, Williams, Medwin, Mary Shelley et Mme Williams devaient prendre les différentes parties : — Byron, Iago ; Trelawny, Othello ; Marie, Desdémone. Trelawny ajoute que Byron a récité une grande partie de son rôle avec beaucoup d'enthousiasme et l'a regardé aussi. Byron a dit que tout Pise devait être le public. Des lettres de Trelawny de Zante en 1826 poursuivent la correspondance. Il regrette que la pauvreté les sépare ; parle de la difficulté de voyager sans argent ; il se réjouit d'avoir encore une place dans ses affections et dit : « Tu sais, Mary, que je t'ai toujours aimée avec ardeur et sincérité. En 1827, écrivant toujours de Kentish Town, le dimanche de Pâques, mais disant que désormais son adresse sera chez son père, 44, Gower Place, Bedford Square, nous avons une autre de ses charmantes lettres à son amie, pleine de bonnes réflexions. Dans cette lettre, elle raconte comment Jane Williams a uni sa vie à celle du premier ami de Shelley, M. Jefferson Hogg. Il l'aimait tendrement depuis son arrivée en Angleterre cinq ans plus tôt, mais jusqu'à présent, elle était trop fidèle à la mémoire de Williams pour l'accepter. Claire était toujours en Russie. Mary écrit : « Je vous ai écrit la dernière fois alors que j'avais l'espoir que mes soucis d'argent diminuaient, mais si minables que soient les meilleurs de ces gens minables, je ne dois pas y parvenir sans l'attente et l'anxiété nécessaires. mais voyez la fin de cette incertitude pire qu'ennuyeuse. Mary devait voir le frère cadet de Shelley, qui venait de se marier, mais elle avait peu d'espoir de tirer quelque profit de sa visite. Elle ajoute : « Adieu, mon toujours cher ami ; tant que des cœurs comme le vôtre battent, je ne me découragerai pas complètement. Mary fait référence à Hunt avec une grande gentillesse et est très inquiète quant à son avenir. Elle constate également avec une grande satisfaction que les Whigs de Canning sont en hausse et qu'ils peuvent être favorables à la Grèce. Alors que Mary Shelley résidait à Kentish Town, avant de rejoindre son père à Gower Place après la liquidation de ses affaires, une lettre de Godwin à sa femme au bord de la mer montre que cette dernière considérait qu'il n'avait pas besoin de sa société comme Mme . Shelley était avec lui ; il explique qu'il la voit environ deux fois par semaine, mais qu'il se sent seul chaque jour.

Après que Mary ait déménagé à Gower Place en 1827, entre autres travaux, elle fut occupée par ses *Vies d'hommes littéraires éminents* , pour *la Cyclopædia de Lardner* . Vers la même année, Godwin écrit à sa fille qui est visiblement de très mauvaise humeur, souhaitant qu'elle lui ressemble par son tempérament plutôt qu'à celui des Wollstonecraft, mais explique que sa bonne humeur actuelle peut être due à son travail sur Cromwell. Un peu plus tard, on retrouve Godwin écrivant à Mary, lui-même en dépression. Il est troublé par les éditeurs qui ne se décident pas à prendre un roman. « Trois, quatre ou cinq cents livres, et vivre avec eux pendant que j'écris », voilà ce qu'il espérait obtenir. Mme Shelley était à Southend pour changer d'air et souhaitait que son père la rejoigne ; mais il ne pouvait pas en décider. Chaque jour perdu lui enlève ses moyens de subsistance ; car il écrit maintenant, non pour que du marbre soit placé sur ses restes, mais pour que du pain soit mis dans sa bouche.

En avril 1829, Mme Shelley, écrivant toujours depuis l'adresse de son père, 44, Grower Street, se plaint à Trelawny d'une manière véritablement anglaise, comme elle le dit, du temps. Elle se réjouit que son ami se soit mis au travail et espère que ses amis le garderont à enregistrer ses propres aventures ; mais elle le dissuade fortement d'écrire une vie de Shelley, car comment cela pourrait-il être fait sans la faire connaître ? devant laquelle elle recule avec crainte, bien qu'elle soit forcée par sa situation difficile d'y faire face de mille manières ; ou comme elle l'exprime : « Je vais vous dire ce que je suis, une oie idiote, qui, loin de vouloir s'avancer pour m'affirmer d'une manière ou d'une autre, maintenant que je suis seule au monde, n'a que l'envie d'envelopper la nuit et l'obscurité de l'insignifiance autour de moi. C'est de la faiblesse, mais je n'y peux rien. » Mary ne considère pas non plus que le moment est venu d'écrire la vie de Shelley, même si elle espère elle-même le faire un jour.

Vers la fin de 1830, nous trouvons Mary dans Somerset Street, Portman Square, d'où elle écrit à Trelawny au sujet de sa MS. des *Aventures d'un plus jeune fils,* qu'il lui avait confié pour qu'elles soient confiées à un éditeur, qu'elles en fassent les meilleures conditions possibles et qu'elles les publient dans la presse ; une tâche qui déplaît à Trelawny jusqu'au bout. Mme Shelley admirait beaucoup le travail, le considérant plein de passion et d'intérêt. Mais elle n'hésite pas à lui signaler des défauts, certaines grossièretés, qu'elle le supplie de lui permettre de traiter, comme elle l'aurait fait pour des parties du *Don Juan de Lord Byron* . Elle est sûre que sans cela, elle aura de grandes difficultés à se débarrasser du livre.

Mary considère que la politique captivante de l'époque constitue un grand obstacle à la publication et déclare : « Dieu sait comment tout cela va se terminer, mais il semble que les aristocrates auraient eu le bon sens de faire les sacrifices nécessaires à une population affamée.

L'inquiétude d'attendre la décision de l'éditeur était ressentie par Mme Shelley plus pour Trelawny que pour elle-même ; elle a du mal à lui faire les conditions qu'elle souhaite, et, écrivant à son amie le 22 mars de l'année suivante, elle regrette de ne pouvoir obliger Colburn, le meilleur éditeur qu'elle connaisse, à donner cinq cents livres comme elle le souhaite, mais il confie obtenir trois cents livres pour la première édition et deux cents livres pour la seconde ; mais les temps ont changé depuis son retour en Angleterre, ni elle ni son père ne peuvent exiger les mêmes prix qu'à l'époque. A cette époque, « les éditeurs venaient me chercher », écrit-elle ; "Maintenant, l'argent est plus rare et les lecteurs moins nombreux que jamais."

Trois jours plus tard, elle peut ajouter la nouvelle qu'elle a reçu « l'ultimatum de ces grands gens », trois cents livres de réduction et cent livres de seconde édition, pense-t-elle, à 1 000 exemplaires. Elle conseille d'accepter, mais essaiera d'autres éditeurs s'il le souhaite.

Mary regrette à nouveau qu'il lui soit impossible d'aller en Italie. Elle se dit misérable en Angleterre, et malgré son sang-froid et sa capacité d'endurance qui l'ont soutenue jusqu'ici, elle se sent enfin sombrer ; Dans sa situation, il lui est impossible de ne pas être malheureuse.

Mary ne cède pas longtemps au découragement, elle continue en racontant des nouvelles de Medwin, Hogg, Jane, etc.; elle peut même taquiner Trelawny à propos des différentes dames qui se croient l'unique objet de son affection, et lui dit qu'elle fait lithographier une de ses lettres sur "Caroline", et pense en distribuer 100 exemplaires parmi "les nombreuses malheureuses foires".

Une troisième lettre au sujet du crochet, du 14 juin 1831, raconte à Trelawny comment son ouvrage est en cours, et Horace Smith, qui l'admire beaucoup, a promis de le réviser. De nouveau, en juillet de la même année, elle écrit que le troisième volume est imprimé et que son livre sera bientôt publié ; mais que comme sa mère parle ouvertement de ses mémoires dans le monde, il ne doit pas espérer le secret. Dans cette lettre également, nous avons un fait qui fait honneur à la fois à Mary Shelley et à Trelawny, car elle lui dit clairement qu'elle ne peut pas l'épouser ; mais reste en « toute gratitude et amitié » que son MS Trelawny lui avait évidemment fait une offre de mariage, ému peut-être par gratitude pour son aide, ainsi que probablement, dans son cas, par un amour passager ; car elle lui écrit : « Mon nom ne sera jamais Trelawny. Je ne suis pas si jeune que lorsque vous m'avez connu pour la première fois, mais je suis aussi fière. Je dois avoir toute l'affection, le dévouement et, par-dessus tout, la sollicitude. protection de quiconque voudrait me gagner. Vous appartenez à la femme en général, et Mary S. ne sera *jamais* à vous, j'écris à la hâte, " etc. etc.

Trelawny n'aurait jamais offert son nom ainsi à une femme qu'il ne pouvait pas respecter, et peut-être que peu de gens savent mieux que ceux de sa classe imprudente qui sont les plus dignes de respect. Mary Shelley, qui redoutait les regards et les paroles des hommes, de par sa propre connaissance et les récits de ses amis intimes, n'avait aucune crainte de lui ; il avait l'instinct d'un gentleman pour une vraie dame, que l'on peut trouver dans n'importe quelle classe.

Quatre ans plus tard, Mary écrit à nouveau à M. Trelawny au sujet de son livre, une deuxième édition étant demandée, quand, à sa grande confusion, elle découvre que, du fait qu'elle n'a pas relu l'accord et qu'elle a pris pour acquis que la proposition de trois cents livres sur la première édition avec cent livres de plus sur la seconde fut insérée, elle avait signé le contrat ; mais il s'avéra maintenant que ce qui avait été proposé par lettre n'était pas inséré par Oilier dans l'accord, et elle ne savait que faire. Dans une deuxième lettre quelques jours plus tard de Harrow, où elle a vécu quelque temps pour être près de son fils à l'école, elle a écrit en réponse à Trelawny, proposant Peacock comme arbitre, parce que, écrit-elle, "il ne pencherait pas vers le plus fort". côté, ce que Jefferson, en tant qu'avocat, est enclin, je pense, à faire. Oilier, écrit-elle, aurait sincèrement souhaité avoir lu l'accord, car la clause aurait dû y figurer.

Encore quelques mois plus tard, le 7 avril 1836, il y a une autre lettre demandant à Trelawny s'il aimerait assister aux funérailles de son père, et s'il accepterait d'accompagner l'entrepreneur de pompes funèbres pour choisir l'endroit le plus proche de celui de sa mère, à St. Pancras. Churchyard, et, s'il pouvait le faire, d'écrire à Mme Godwin, à l'Échiquier, pour le lui dire. Les dernières années de la vie de Godwin ne s'étaient pas terminées, comme il l'avait si amèrement craint, dans la pénurie ; comme ses amis au pouvoir lui avaient obtenu le poste d'huissier de l'Échiquier, avec résidence à New Palace Yard, en 1833. Cette fonction était en fait une sinécure et fut bientôt abolie ; mais il fut convenu qu'aucun changement ne serait apporté à la position du vieux philosophe. Ses vieux amis étaient morts, mais son travail avait sa récompense pour lui, ainsi que sa place dans la pensée du monde, car des personnes telles que le duc de Wellington et Lord Melbourne avaient usé de leur influence pour lui. Mary avait été sa fille dévouée jusqu'au bout. En 1834, il écrit à sa femme Mme Shelley, comme il appelait toujours sa fille auprès de Mme Godwin, à propos de diverses réunions et dîners entre eux, bien qu'il ne puisse pas assister à ses soirées comme il le souhaiterait, depuis la promenade à travers le parc pour atteindre Somerset Street, où elle vivait alors, n'était en aucun cas agréable la nuit tombée : et maintenant nous voyons Mary honorer Trelawny du dernier service rendu à son père, s'excusant, mais ajoutant : « N'êtes-vous pas le meilleur et le plus constant des amis ?

Le dernier chagrin de Godwin fut la perte de son fils. Guillaume en 1832 ; il s'était installé dans une carrière littéraire et était resté veuf. L'un des premiers actes de générosité de Mary fut plus tard de lui verser une pension.

CHAPITRE XIV.

TRAVAIL LITTÉRAIRE.

Après avoir retracé la vie de Marie, autant que l'espace le permet, jusqu'à la mort de son père, il nous faut maintenant revenir sur nos pas pour montrer l'œuvre qu'elle a accomplie, qui donne la *raison d'être* de cette biographie. Il a déjà été démontré que son deuxième livre, *Valperga* , très admiré par Shelley, a été écrit pour assister son père dans sa détresse avant sa faillite. Après la mort de son mari, tout en préparant son manuscrit et en notant les faits qui s'y rapportaient, elle planifia et écrivit son troisième roman, *The Last Man* .

Cet ouvrage très imaginatif de la vingt-sixième année de Mary Shelley contient certaines des idées les plus puissantes de l'auteur ; mais elle est gâchée au début par certains de ses écrits les plus guindés.

Le récit des événements enregistrés prétend avoir été trouvé dans la grotte de la Sibylle de Cumsean, près de Naples, où ils étaient restés pendant des siècles, survivant aux changements de la nature et, une fois découverts, étant encore deux cent cinquante ans en avance sur le temps. prédit. Les récits sont tous écrits sur les feuilles sibyllines ; ils sont dans toutes les langues, anciennes et modernes ; et ceux concernant cette histoire sont en anglais.

Nous nous trouvons en Angleterre, en 2073, en pleine République, le dernier roi d'Angleterre ayant abdiqué sur la volonté discrètement exprimée de ses sujets. Ce livre, comme tous ceux de Mme Shelley, est plein de réminiscences biographiques ; l'introduction donne la date de sa propre visite à Naples avec Shelley, en 1818 ; les lieux qu'ils ont visités y sont indiqués ; la poésie, la romance, les plaisirs et les douleurs de sa propre existence sont intégrés dans ses sujets ; tandis que son imagination la transporte hors de son propre environnement. On reconnaît clairement dans le personnage idéal du fils du roi abdiqué un portrait imaginaire de Shelley tel que Mary voulait le faire connaître, et non tel qu'elle le connaissait en tant que personne vivante. Donner une idée adéquate du génie avec tout son charme, et pourtant avec ses imperfections humaines, était au-dessus des forces de Marie. Adrien, le fils des rois, le républicain aristocratique, est la partie la plus faible, et on ne peut s'empêcher d'être frappé par la préférence de Mary Shelley pour l'aristocrate plutôt que pour le plébéien. En fait, l'idée de Marie d'une république avait encore besoin des fils des rois par leurs bonnes manières pour l'honorer, tandis que, en même temps, le fils du roi devait être transmué en un Shelley idéal. Cette étrange confusion d'idées permise et le fait que plus d'un demi-siècle de la période de progrès peut-être la plus rapide de la terre se soit écoulée, les qualités imaginatives sont encore remarquables chez Marie. Les ballons, dont on rêvait alors, furent obtenus ; mais naturellement la machine à vapeur et les autres merveilles de la science, désormais réalisées, étaient inconnues de Marv. Lorsque la crise éclate, elle laisse libre cours à son imagination et elle ajoute certainement des images vives d'horreur et de pathos à un sujet qui a été traité par les maîtres de la pensée à différentes époques. En cette période d'horreur, il est amusant de constater comment le candidat du peuple, Ryland, représenté comme un vulgaire spécimen d'humanité, succombe à une peur abjecte. La description des villes désertes et des rues herbeuses de Londres est impressionnante. La fortune de la famille, à laquelle appartient le dernier homme, Lionel Verney, est retracée à travers ses différentes phases, alors qu'une à une la terrible peste les assaille, et Verney, le seul homme qui se remet de la maladie, devient le chef de la famille. le reste de la nation anglaise. Cette petite poignée d'humanité quitte l'Angleterre et erre à travers la France en direction des pays privilégiés du Sud où l'aide humaine, aujourd'hui si rare, était moins nécessaire. Au cours de ce voyage, Mme Shelley profite des souvenirs de son propre voyage avec Shelley quelques années auparavant ; et nous passons devant les lieux notés dans son journal ; mais d'étranges figures grotesques croisent le chemin des quelques vagabonds, décimés chaque jour. A un moment, on voit un acrobate mourant, abandonné par ses compagnons, bondir dans les airs derrière une haie, au crépuscule du soir. A une autre, une figure noire montée sur un cheval, qui ne se montre qu'à la tombée de la nuit, pour provoquer des appréhensions bientôt calmées par la mort du pauvre vagabond, qui ne souhaitait qu'une compagnie lointaine par crainte de la contagion. On atteint et on dépasse Dijon, et ici meurt la vieille comtesse de Windsor, l'ex-reine d'Angleterre : elle n'avait été réconciliée avec son changement de position que par la destruction de l'humanité. Un jour, près de Genève, ils entendent une musique divine dans une église et trouvent une jeune fille mourante qui joue avec son père aveugle pour entretenir l'illusion jusqu'au bout. Le petit groupe, réduit alors à cinq, atteint Chamouni, et les grandes scènes si familières à Marie contrastent avec la tragédie finale du genre humain ; pourtant, un autre meurt, et il ne reste que quatre membres d'une même famille ; ils enterrent le mort dans une caverne de glace, et avec cette dernière victime découvrent que la peste est terminée, après un règne de sept ans sur la terre. Un poids est enlevé de l'atmosphère, et le monde est devant eux ; mais maintenant seuls ils doivent visiter ses ruines ; et la beauté de la terre et l'amour mutuel les soutiennent jusqu'à ce qu'il ne reste plus que le dernier homme pour achever la prophétie de la Sibylle de Cumsæan.

Diverses histoires d'importance mineure ont suivi la plume de Mme Shelley, et des préparatifs ont été faits pour la vie d'éminents hommes de lettres. Mais ce n'est que l'année précédant la mort de son père que nous avons *Lodore* , publié en 1835. De ce roman nous avons déjà parlé à propos de la séparation de Shelley et Harriet.

Mary avait trop le sens de l'art dans son œuvre pour faire d'un personnage imaginaire un simple portrait, et ses romans nous rappellent constamment les différents personnages merveilleux et intéressants qu'elle a connus intimement, même si la plupart de leurs personnages étaient beaucoup trop subtils et complexes. être démêlé par elle, même avec sa connaissance intime. En effet, le fait même d'avoir connu quelques-uns des plus grands personnages de son époque, ou de presque tous les âges, donne à ses romans une apparence d'affectation, car il les remplit de personnages tellement éloignés du commun que leur place dans la vie ne peut pas être trouvée. être réduit à un niveau de mode ordinaire. Il peut y avoir des épisodes romantiques, mais leur véritable place est dans le théâtre du temps dont ils sont les moteurs, et non dans les Lilliputiens de la vie qui sont lentement travaillés et façonnés par eux, et dont les petites actions sont la matière de la plupart des romans. Nous connaissons peu de romanciers qui ont abordé avec succès les personnages les moins connus. Cet accomplissement semble avoir besoin du grand poète lui-même.

La manière dont Lady Lodore est influencée semble indiquer Harriet ; mais le côté inflexible et revanchard de son personnage a certainement plus de Lady Byron. Elle est décrite avec charme et montre une grande perspicacité de la part de Mary dans la vie des gens à la mode de son temps, qui était alors, peut-être plus qu'aujourd'hui, le thème favori des romanciers. Cela doit être dû à une certaine propension innée au Tory dans les classes ou les masses anglaises pour lesquelles Mary Shelley a dû travailler dur et pour les tendances desquelles, à cet égard, elle avait certainement de la sympathie. La propre vie de Mary, au point où nous en sommes maintenant, est également évoquée ici dans le personnage d'Ethel, la fille de Lord et Lady Lodore, qui est élevée en Amérique par son père et, à sa mort, confiée à une tante, avec des injonctions. dans son testament, qu'elle ne puisse pas être mise en contact avec sa mère. Son caractère est doucement féminin et confiant, et dans son amour et son mariage heureux (dans toutes les questions d'argent, sauf au début), ils pourraient être considérés comme très différents des expériences moins chanceuses de Mary ; mais dans son amour parfait et sa confiance envers son mari, son dévouement et son altruisme à travers les épreuves de la pauvreté à Londres, dont les descriptions étaient évidemment tirées des propres expériences de Marie, il n'y a aucun doute sur la ressemblance, ainsi que dans son amour et son respect. pour tous ceux qui sont liés à son père. Il y a aussi des passages qui expriment sans aucun doute ses propres sentiments intérieurs, comme celui-ci lorsqu'il décrit les jeunes mari et femme lors d'un dîner en *tête-à-tête* :

L'estime et la gratitude mutuelles sanctifiaient la sympathie sans réserve qui rendait chacun si heureux chez l'autre. Ont-ils moins aimé de ne pas aimer « dans le péché et dans la peur » ? Loin de là. La certitude d'être la cause du bien les uns des autres tendait à entretenir les passions les plus délicates de toutes, plus que les rudes ministères de la terreur et la connaissance que chacune est l'occasion de nuire. Le cœur d'une femme est particulièrement inapte à soutenir ce conflit. Sa sensibilité donne de l'acuité à son imagination, elle magnifie tous les périls et se tord devant tous les sacrifices qui tendent à l'humilier à ses propres yeux. La fierté naturelle de son sexe lutte avec son désir de conférer le bonheur, et sa paix est détruite.

Quelle expression de sentiment plus forte pourrait être nécessaire que celle d'une femme parlant avec son cœur et ses propres expériences ? Cela ne rappelle-t-il pas la morale sur ce sujet dans tous les écrits de George Eliot, où elle montre que le résultat de ce que certains pourraient considérer comme des transgressions mineures contre la morale conduit, même dans les temps modernes, à la Némésis des drames grecs les plus terribles ?

Les transactions financières compliquées effectuées avec l'aide d'avocats étaient clairement une réminiscence des problèmes de Shelley et de sa propre incapacité à ressentir toute la détresse tant qu'elle était avec lui, et il y avait évidemment de l'argent quelque part dans la famille, et cela viendrait un jour. Dans ce roman, nous percevons également que Mary évacue ses sentiments refoulés à l'égard d'Emilia Viviani. On ne peut pas supposer que la partie corporelle de la création d' *Epipsychidion* par Shelley (si exquise en apparence et si touchante dans ses manières et son histoire qu'elle donne naissance, lorsqu'elle est transmise par le cerveau du poète, au plus parfait des idéaux d'amour) est réellement devenue en fin de compte le feu- virago tempérée et mondaine que Mary Shelley se permet de représenter, après d'abord, malgré l'altération de certaines relations et circonstances, montrant clairement à qui le personnage était destiné. Il est vrai que Shelley lui-même, après l'avoir investie de la divinité pour servir les desseins de l'art, parle plus tard d'elle comme d'une femme très banale à l'esprit mondain ; mais les poètes, comme les artistes, semblent parfois avoir besoin de personnages profanes pour exprimer leurs pensées. Il en a été démontré suffisamment pour prouver qu'il y a un véritable sujet d'intérêt dans cette œuvre de la trente-septième année de Marie.

L'ouvrage suivant, *Falkner*, publié en 1837, est le dernier roman dont nous disposons de Mary Shelley ; et comme nous le voyons dans sa lettre, elle a traversé une période de mauvaise santé et de dépression en l'écrivant, cela peut expliquer une moindre spontanéité dans le style, qui est décidément plus guindé ; mais, ici encore, nous sentons que nous sommes admis dans une partie du cercle que Marie avait rencontré dans les moments émouvants de sa vie, et il y a une imagination incontestable avec quelques beaux passages descriptifs.

Le premier chapitre présente un petit enfant abandonné dans un village pittoresque des Cornouailles. Ses parents y étaient morts dans des appartements, l'un après l'autre, le mari ayant épousé une gouvernante contre la volonté de ses parents ; par conséquent, la femme a été négligée pour la première fois à la mort de son mari ; et à sa propre mort subite, quelques mois plus tard, l'enfant fut simplement laissée aux soins des pauvres gens du village - une petite chose rêveuse et poétique, dont le seul plaisir était de se promener au crépuscule jusqu'au cimetière du village et d'être avec sa maman. C'est ici qu'elle fut retrouvée par Falkner, le personnage principal du roman, qui avait choisi cet endroit même pour mettre fin à une existence ruinée ; dans cette tentative, il a été frustré par le fait que l'enfant lui a fait bouger le bras pour le sortir de la tombe de sa mère. Sa vie étant ainsi sauvée par l'intervention de l'enfant, il s'intéressa naturellement à elle. Il est autorisé à consulter les quelques papiers restants des parents. Parmi celles-ci, il trouve une lettre inachevée de l'épouse, évidemment adressée à une dame qu'il avait connue, ainsi que des indications sur l' identité des parents. Il fut très ému et proposa de soulager les pauvres gens de l'enfant et de la rendre à ses parents.

La lettre inachevée de la mère à son amie contient le passage suivant, sûrement autobiographique :

Lorsque j'ai perdu Edwin (le mari), j'ai écrit à M. Raby (le père du mari) pour l'informer de la triste nouvelle et lui demander une pension alimentaire pour moi et mon enfant. L'avocat de la famille a répondu à ma lettre. La conduite d'Edwin avait, m'a-t-on dit, éloigné sa famille de lui, et ils ne pouvaient que me considérer comme quelqu'un encourageant sa désobéissance et son apostasie. Je n'avais aucun droit sur eux. Si mon enfant leur était envoyé et que je promettais de m'abstenir de tout rapport sexuel avec elle, elle serait élevée avec ses cousins et traitée à tous égards comme un membre de la famille. J'ai décliné leur offre barbare et j'ai renoncé avec hauteur et en peu de mots à toute réclamation sur leur prime, déclarant mon intention de subvenir aux besoins et d'élever moi-même mon enfant. Cela a été bêtement fait, je le crains ; mais je ne peux pas le regretter, même maintenant.

Je ne peux pas regretter l'impulsion qui m'a fait dédaigner ces parents contre nature et cruels, ou qui m'a amené à prendre mon pauvre orphelin dans mon cœur avec fierté comme étant tout à moi. Qu'avaient-ils fait pour mériter un tel trésor ? Et se sont-ils montrés capables de remplacer une mère affectueuse et anxieuse ? Cela rappelle au lecteur la correspondance entre Mary et son père à la mort de Shelley.

Il suffit de dire que Falkner s'est tellement attaché à la petite enfant qu'au moment où il a découvert ses parents, il n'a pas eu le cœur de la confier à leur dure tutelle, et comme il a été contraint de quitter l'Angleterre sous peu, il l'a emmenée avec lui. , et malgré toutes les difficultés, il s'arrangea pour qu'elle soit bien gardée et élevée. Il y a beaucoup de choses dans le personnage de Falkner qui rappellent au lecteur Trelawny, l'ami galant et généreux de Byron et Shelley dans leurs dernières années, le voyageur courageux et romantique. La description du visage et de la silhouette de Falkner doit avoir beaucoup ressemblé à celle de Trelawny lorsqu'il était jeune, même si, bien sûr, les incidents de l'histoire n'ont aucun lien avec lui. Entre-temps, la petite fille grandit et les infirmières sont remplacées par une gouvernante anglaise que Falkner engage à l'étranger et dont il entend les éloges et les qualifications de tout le monde à Odessa. L'histoire progresse à travers divers incidents annonçant la cause du mystère de Falkner. Elizabeth, l'enfant, désormais grande, passe sous son patronyme. Lors d'un voyage en Allemagne, ils rencontrent un jeune d'une grande attirance personnelle, qui semble cependant être d'une disposition singulièrement imprudente et misanthrope pour un si jeune. Elizabeth semblant attirée par son audace et sa beauté, Falkner se voit soudain obligé de retourner en Angleterre. Peu de temps après, il est amené à se rendre en Grèce pendant la guerre d'indépendance et souhaite laisser Elizabeth avec ses relations en Angleterre ; mais elle s'y oppose vigoureusement jusqu'à inciter Falkner à la laisser l'accompagner en Grèce, où il la place dans une famille pendant qu'il se précipite au cœur du danger, dans l'espoir seulement de mettre fin à ses jours pour une bonne cause. Il y réussit presque, mais Elizabeth, entendant parler de son danger, se précipite à ses côtés et le soigne assidûment à travers la fièvre provoquée par ses blessures et le climat paludéen. Par de courtes étapes et avec le plus grand soin, elle réussit à atteindre Malte lors de leur voyage de retour, et Falkner, une seconde fois sauvé de la mort par son enfant adoptif bien-aimé, décide de ne plus mettre en danger imprudemment la vie qui lui est plus chère que celle de nombreux pères. . A Malte encore, pendant une quinzaine de jours de quarantaine, la petitesse du monde des gens à la mode les met en contact avec un groupe anglais, un Lord et Lady Cecil, qui voyagent avec leur famille. Falkner est trop malade pour voir qui que ce soit, et quand Elizabeth le fait finalement monter à bord d'un navire pour se rendre à Gênes, il semble couler rapidement. Dans son désespoir et sa solitude, se sentant incapable de faire face à toutes les difficultés du soleil brûlant et des vents froids, une aide inattendue arrive : un monsieur qu'Elizabeth n'avait pas encore aperçu, et qu'elle est maintenant trop préoccupée pour observer, arrange tranquillement la voile pour abriter le mourant du soleil et du vent, placer des oreillers et faire tout ce qui est possible ; il incite même la pauvre fille à descendre et à se reposer un moment sur un canapé pendant qu'il regarde. Falkner devient plus facile au cours de la nuit ; il dort et gagne en force, et à partir de là il progresse jusqu'à ce qu'à Marseille, il entende le nom de Neville, de l'ami inconnu qui avait aidé à le rendre à la vie. Il devient extrêmement agité et s'évanouit. Après avoir repris conscience, il supplie Elizabeth de continuer le voyage avec lui seule, car il ne peut supporter personne d'autre qu'elle près de lui. Le mystère de la vie de Falkner semble faire surface.

Les voyageurs atteignent l'Angleterre et Elizabeth est recherchée par Lady Cecil, qui avait été très frappée par son dévouement envers son père. Elizabeth est invitée à rester avec Lady Cecil, car elle a grand besoin de repos à son tour. Pendant un agréable moment de repos près d'Hastings, Elizabeth entend Lady Cecil parler beaucoup de son frère Gérard ; mais ce n'est que lorsque lui aussi arrive en visite, qu'elle s'avoue qu'il s'agit réellement du même M. Neville qu'elle avait rencontré et de qui elle avait reçu tant de gentillesse. Gérard n'avait pas non plus parlé d'Elizabeth ; il avait été trop attiré par elle, car sa vie aussi est obscurcie par un mystère. Ils passent un court moment tranquille ensemble, lorsqu'une lettre annonce l'arrivée prochaine de Sir Boyvill Neville, le père du jeune homme (bien que Lady Cecil ait appelé Gerard son frère, ils n'étaient pas vraiment liés ; Sir Boyvill avait épousé la mère de Lady Cecil, qui était la progéniture d'un précédent mariage).

Gérard Neville décide aussitôt de quitter la maison, mais avant de partir, il renvoie Elizabeth à sa sœur, Lady Cecil, pour entendre les détails de la tragédie qui l'entoure. L'histoire racontée est la suivante. Sir Boyvill Neville était un homme du monde avec une incrédulité trop fréquente envers les femmes et l'égoïsme. Cela le rendit très tyrannique lorsqu'il épousa, à l'âge de 45 ans, Alethea, une charmante jeune femme qui venait de perdre sa mère et dont le père, un officier de marine à la retraite et aux moyens limités, ne voulait pas entendre qu'elle refuse si bien. une offre comme celle de Sir Boyvill. Après leur mariage, Sir Boyvill, se sentant trop chanceux d'avoir trouvé une femme si charmante et si belle, se tint à l'écart de toute société et, après avoir vécu quelques années à l'étranger, l'emmena dans un domaine qu'il possédait à Cumberland. Ils y vivaient coupés du monde, sauf pour les voyages qu'il faisait lui-même à Londres, ou ailleurs, chaque fois que l' *ennui* l'assaillait. Ils avaient, à l'époque où nous approchons, deux charmants enfants, un beau garçon d'une dizaine d'années et une petite fille de deux ans. A cette époque, alors qu'Alethea était parfaitement heureuse avec ses enfants et très contente de sa retraite, qui, selon elle, lui ôtait les tortures jalouses de son mari, celui-ci quitta la maison pour une semaine, prolongée jusqu'à deux mois, pour une de ses visites périodiques. vers la capitale. Les fréquentes lettres de Lady Neville concernant sa maison et ses enfants étaient toujours joyeuses et placides, et l'heure du retour de son mari était fixée. Il est arrivé à l'heure convenue dans la soirée. Les domestiques étaient à la porte pour le recevoir, mais aussitôt l'alarme prévalut ; Lady Neville et son fils Gérard n'étaient pas avec lui. Ils avaient quitté la maison quelques heures auparavant pour se promener dans le parc et n'avaient plus été vus ni entendus depuis, un événement sans précédent. L'alarme fut donnée ; le pays chercha dans toutes les directions, mais en vain, au cours d'une terrible tempête. Finalement, le pauvre garçon a été retrouvé inconscient au sol, trempé jusqu'aux os. Lorsqu'on le reconduisit chez lui et que son père l'interrogeait, on n'entendait que ses cris : « Reviens, maman ; arrête, arrête pour moi ! Rien d'autre que des poussées de fièvre. Encore une fois : « Alors elle est revenue, s'écria-t-il, cet homme ne l'a pas tout à fait emmenée ; la voiture est enfin arrivée ici. L'histoire lentement suscitée par l'enfant sur sa prise de force était la suivante. Alors qu'il se promenait avec sa mère dans le parc, elle prit la clé d'un portail qui donnait sur une ruelle. Un monsieur attendait dehors. Gérard ne l'avait jamais vu auparavant, mais il entendit sa mère l'appeler Rupert. Ils marchèrent ensemble dans l'allée accompagnés de l'enfant et parlèrent sérieusement. Elle pleurait et le garçon était indigné. Lorsqu'ils arrivèrent à un carrefour, une voiture les attendait. En s'en approchant, le monsieur retira les mains de l'enfant, la souleva, se précipita à son tour, et le cocher conduisit comme le vent, laissant l'enfant entendre sa mère crier d'agonie : « Mon enfant, mon fils ! Rien d'autre n'a pu être découvert ; le pays fut saccagé en vain. Les domestiques ont seulement déclaré qu'il y a dix jours, un gentleman était venu demander Lady Neville et lui avait été présenté ; il resta environ deux heures, et en sortant on remarqua qu'elle avait pleuré. Il avait rappelé mais n'avait pas été admis. Une lettre fut trouvée, signée « Rupert », demandant un rendez-vous supplémentaire, et si cela lui était accordé, il la quitterait pour toujours, ainsi que sa juste vengeance ; sinon, il ne pouvait pas dire quelles pourraient être les conséquences du retour de son mari cette nuit-là. En réponse à cette lettre, elle partit, mais avec son enfant, ce qui prouvait clairement son intention innocente. Les mois passèrent sans nouveau résultat, jusqu'à ce que son mari, hors de lui d'orgueil blessé, décide de se venger en obtenant un acte de divorce à la Chambre des Lords et en produisant son fils Gérard comme preuve contre sa mère perdue, qu'il aimait si tendrement. . Le pauvre enfant à ce moment-là, à force de réfléchir et de peser chaque mot dont il pouvait se souvenir, comme "Je suis profondément peiné pour toi, Rupert : mes bons vœux sont tout ce que j'ai à te donner", devenait de plus en plus convaincu que sa mère a été emmenée de force et reviendrait à tout moment si elle le pouvait. Il n'aspirait qu'au moment où il serait en âge d'aller la chercher à travers le monde. Son père était implacable et l'enfant fut amené devant la Chambre des Lords pour répéter le témoignage qu'il avait innocemment donné contre elle ; mais lorsqu'on lui demanda de parler dans cette horrible position, aucun mot ne put être tiré de lui sauf : « Elle est innocente ». La Chambre fut émue par l'agonie du brave enfant et résolut de poursuivre l'affaire sans lui, sans les témoins à qui il avait parlé, et finalement elle prononça un jugement de divorce en faveur de Sir Boyvill. La lutte et l'agonie du pauvre enfant sont admirablement décrites, ainsi que sa fuite ultérieure de la maison de son père et ses errances autour de son ancienne maison de Cumberland. Dans sa recherche infructueuse de sa mère, il atteignit une côte déserte. Après avoir erré pendant deux mois pieds nus et presque affamé sans le lait de brebis et le pain que lui donnaient les propriétaires du chalet, il fut reconnu. Son père, informé, le fit saisir et ramener chez lui, où il fut enfermé et traité comme un criminel. Son état devint si impuissant que même son père fut finalement amené à un certain sentiment de retenue et emmena finalement Gérard avec lui à l'étranger, où il fut vu pour la première fois à Baden par Elizabeth et Palkner. Là aussi, il rencontra pour la première fois sa sœur par affinité, Lady Cecil. Avec elle, il perdit quelque peu son ton de défi et sentit que, pour le bien de sa mère, il ne devait pas apparaître aux autres comme perdu dans la maussade et le désespoir. Il parlait maintenant de sa mère et raisonnait sur elle ; mais bien qu'il intéressât beaucoup Lady Cecil, il ne la convainquit pas vraiment de l'innocence de sa mère, tant toutes les circonstances pesaient contre elle. Mais maintenant, lors de la visite d'Elizabeth à Lady Cecil, une lettre est reçue par Gérard et son père les informant qu'un certain Gregory Hoskins croyait pouvoir donner des informations ; il était à Lancaster. Sir Boyvill, désireux seulement d'étouffer l'affaire dont son orgueil avait souffert, s'empressa d'empêcher son fils de prendre des mesures pour rouvrir le sujet. Ce Hoskins était originaire du district autour de Dromoor, la maison de Neville, et avait émigré en Amérique au moment du mariage de Sir Boyvill. Un jour, il y a des années, il rencontra un homme nommé Osborne, qui lui confia comment il avait gagné de l'argent avant de venir en Amérique en aidant un gentleman à enlever une dame, et comment l'affaire s'était terminée de manière terrible, lorsque la dame s'était noyée dans une rivière près de laquelle ils l'avaient placée alors qu'elle était presque morte de peur, sur la dangereuse côte de Cumberland. De retour en Angleterre et entendant parler des Neville dans son village natal, cette vieille histoire lui revint à l'esprit et il écrivit sa lettre. Neville, en entendant cela, décida immédiatement de se rendre au Mexique, de retrouver Osborne et de l'amener à accuser le meurtrier de sa mère.

Tous ces détails ont été écrits par Elizabeth à son père bien-aimé. Après un certain délai, une ligne la supplia de venir le voir immédiatement pour une journée.

Falkner ne pouvait ignorer l'état actuel des choses, l'attraction mutuelle de son Elizabeth et de Gérard. Mais comment, avec tout ce qu'il savait, permettre que cela se poursuive ? Jamais, sauf par une séparation éternelle d'avec son enfant adoré ; mais cela devrait être fait. Il allait maintenant lui raconter son histoire. Il ne pouvait pas parler, mais il l'a écrit, et maintenant il faut qu'elle vienne le recevoir de lui. Il raconta toute sa jeunesse solitaire et mal-aimée, les misères et la tyrannie de l'école aux personnes sans protection – une réminiscence de Shelley ; comment, au sortir de l'enfance, une lueur de bonheur entra dans sa vie dans l'amitié d'une dame, une vieille amie de sa mère, qui avait une charmante fille ; du temps heureux et innocent passé dans leur chalet pendant les vacances ; de la mort de la chère dame ; du désespoir de sa fille ; puis comment il fut envoyé en Inde ; de lettres qu'il écrivit à sa fille Alethea, lettres restées sans réponse, car le père, officier de marine, avait toutes intercepté ; de son retour, après des années, en Angleterre, son seul espoir, celui qui l'avait soutenu pendant des années de constance, de rencontrer et d'épouser son seul amour, pour cela il sentait qu'elle était et devait rester. Il raconta son retour et les nouvelles qu'il reçut ; sa seule visite imprudente chez elle pour juger par lui-même si elle était heureuse – cela, à en juger par ses manières, il ne pouvait pas le sentir, malgré sa joie pour ses enfants ; sa folle demande de la voir ; un complot fou, et une exécution encore plus folle, jusqu'à ce qu'il la prenne dans ses bras, se précipitant à travers le pays, à travers la tempête et le tonnerre, incapable de dire si elle vivait ou était morte ; le premier moment de pause ; les efforts pour sauver la vie en déclin dans une cabane en ruine ; l'absence de quelques minutes pour chercher des matériaux pour le feu ; le retour, pour la retrouver cadavre flottant dans la petite rivière sauvage qui se jette dans la mer ; le sauvetage de son corps des vagues ; son enterrement au bord de la mer ; et sa propre vie de désespoir ultérieure, sauvée à deux reprises par Elizabeth. Tout cela fut raconté au fils, à qui Falkner se dénonça comme le destructeur de sa mère. Il a nommé l'endroit où les restes seraient retrouvés. Et maintenant, que restait-il à faire ? Seulement pour attendre un peu, pendant que Sir Boyvill et Gerard Neville prouvaient ses paroles et retraçaient la tombe. Une enquête a eu lieu et Falkner a été appréhendé. Quelques jours passèrent, puis Elizabeth trouva son père parti ; et peu à peu elle comprit qu'il était dans la prison de Carlisle sous l'accusation de meurtre. Elle, qui n'avait pas craint les dangers de la guerre et de la fièvre en Grèce, ne devait plus se laisser décourager ; elle, qui croyait en son innocence. Il ne fallut pas quelques minutes pour qu'elle se décide à aller directement à Carlisle et à rester aussi près que possible du cher père qui l'avait sauvée et soignée lorsqu'elle avait été abandonnée. Gérard, qui était avec son père lors de l'exhumation des ossements à l'endroit indiqué, se rendit vite compte de la nouvelle situation. Sa passion pour la justice envers sa mère n'a pas endormi son sentiment pour les autres. Il estimait que l'histoire de Falkner était vraie et que, même si rien ne pouvait redonner la vie à sa mère, son honneur était intact. Sir Boyvill ne ménagerait aucun effort pour se venger, à tort ou à raison, de l'homme qui avait porté atteinte à la paix de son foyer ; mais Gérard vit Elizabeth, lui donna toute la consolation qu'il pouvait, et résolut de partir immédiatement en Amérique pour chercher Osborne, comme seul témoin capable de disculper Falkner de l'accusation de meurtre. Après diverses difficultés, Osborne fut retrouvé en Angleterre, où il était revenu craignant d'être emmené en Amérique comme complice du meurtre. C'est avec beaucoup de difficulté qu'il est amené à témoigner, car toutes ses pensées et toutes ses craintes sont pour lui-même ; mais finalement, alors que tous les espoirs semblent s'évanouir, Elizabeth le pousse à témoigner, ce qui confirme pleinement la déclaration de Falkner.

Enfin le jour du procès arriva. La nouvelle de la liberté est arrivée. "Non coupable!" Qui peut imaginer l'effet, sinon ceux qui ont traversé innocemment cette épreuve ? Une fois de plus, tous sont unis. Gérard doit rester pour les funérailles de son père, décédé en affirmant sa croyance, qu'en fait il avait toujours entretenue, en l'innocence de Falkner. Lady Cecil avait assuré à Elizabeth la compagnie de Mme Raby, sa parente du côté paternel. Elle ramène Falkner et Elizabeth chez elles dans la magnifique Belleforest ancestrale. Ici s'ensuit un temps de repos et de bonheur. Ceux qui ont été si éprouvés par l'adversité ne laisseraient pas échapper le vrai bonheur pour une chimère ; l'honneur étant rétabli, l'amour et l'amitié restèrent, et Gérard, Elizabeth et Falkner estimèrent que désormais ils devaient rester ensemble, la mort ne les ayant pas séparés. Trop de place peut paraître accordée ici à un seul roman ; mais cela semble juste montrer la portée de la conception imaginative de Marie. Il y a certainement à la fois de l'imagination et de la puissance pour le réaliser. Il est vrai que l'idée semble fondée, dans une certaine mesure, sur le Caleb Williams de Godwin, l'homme qui traverse la vie avec un mystère ; les noms similaires de Falkner et Falkland pourraient même être destinés à attirer l'attention sur ce fait. La forme en trois volumes, dans celui-ci comme dans de nombreux romans, semble diminuer la force de l'ouvrage par parties, le deuxième volume étant sensiblement étiré ici et là. On peut également se demander si la forme adoptée dans ce roman, comme dans de nombreux romans, consistant à raconter l'histoire ancienne au moyen d'un récit raconté par l'un des *personnages dramatis* à un autre, est la forme souhaitable - un point sur lequel nous avons déjà fait allusion dans rapport à *Frankenstein* . Peut-il être vrai dans la nature de faire donner à un personnage une description de plus de cent pages, répétant longuement, mot pour mot, de longues conversations qu'il n'a jamais entendues, marquant des changements de couleur qu'il n'a pas vus - et tout cela ? avec une minutie dont même la mémoire la plus ferme et la langue la plus bavarde ne pourraient se souvenir ? Cela ne donne-t-il pas une irréalité au style incompatible avec l'art, qui devrait être le ressort de toute œuvre imaginative ? Ceci, cependant, n'est pas la seule erreur de Mme Shelley, mais est traçable à travers de nombreux chefs-d'œuvre. L'auteur, le créateur, qui voit le fonctionnement de l'âme de ses personnages, a, naturellement, la mémoire et la perception de tous. Pourtant, Mary Shelley, dans ce domaine comme dans la plupart de ses œuvres, a une grande perspicacité dans le caractère. Le grand-père d'Elizabeth, dans son enfance, est une véritable photographie de la vie ; le vieux Oswig Raby, qui était plus ratatiné par l'étroitesse d'esprit que par l'âge, mais qui se sentait lui-même et sa maison, la plus ancienne d'Angleterre, plus importants que tout ce qu'il connaissait d'autre. Sa belle-fille, veuve de son fils aîné, est également bien dessinée ; une femme de nature

honnête qui peut reconnaître les défauts de la famille, essayer de les récupérer,
et qui fait enfin de son mieux pour expier le passé.

CHAPITRE XV.

TRAVAUX PLUS TARD.

L'écriture de ces romans, ainsi que d'autres œuvres littéraires auxquelles nous devons nous référer, a parcouru les nombreuses années de la vie de Mme Shelley jusqu'en 1837 et l'a sauvée de l'ennui d'une vie tranquille à Londres avec peu d'amis. Certes, dans le cas de Mary, il y avait une raison pour laquelle la « société » avait été négligée, ce qu'elle déplorait parfois amèrement ; et comme elle n'avait guère d'autres qualités que des qualités intellectuelles et aimables pour la recommander pendant de nombreuses années, elle n'était naturellement pas recherchée par les plus prospères de ses contemporains. Il y a même des cas où elle a été cruellement mortifiée par une grossièreté marquée lors de certaines réceptions auxquelles elle a assisté ; dans un cas, des années plus tard, lorsque sa fidélité à son mari et sa mémoire auraient pu apaiser le moraliste le plus sévère. Au cours de ces premières années, qu'elle décrit plus tard comme des années de privation qui lui ont fait verser à l'époque de nombreuses larmes amères, même si elles étaient souvent dorées par l'imagination, Mme Shelley a été réconfortée en voyant son fils grandir entièrement à sa satisfaction, passant par le stade de l'enfant et celui des écoliers à Harrow, d'où il se rendit à Cambridge ; et de nombreuses années, substantiellement heureuses, ont dû s'écouler, pendant lesquelles Claire n'a pas été oubliée. Pauvre Claire, qui a subi une servitude très sévère, dont Mary aurait voulu l'épargner, car elle écrivit un jour à M. Trelawny que c'était l'une de ses principales raisons de souhaiter l'indépendance ; mais « Old Time », ou « Eternity », comme elle appelait Sir Timothy, qui n'avait certainement aucune raison de revendiquer son affection, était en train de passer depuis longtemps ; et bien qu'avant 1831 une petite allocation de trois cents livres par an soit passée à quatre cents livres par an lorsque son unique enfant atteignit sa majorité en 1841, pour cela, à la mort de Sir Timothy, elle dut rembourser treize mille livres. Cela lui avait permis de faire un tour en Allemagne avec son fils ; de ce voyage nous parlerons après avoir fait référence à ses *Vies d'éminents hommes littéraires* .

Ces vies, écrites pour *la Cyclopedia de Lardner* et publiées en 1835, constituent une série de biographies des plus intéressantes écrites par une femme qui savait apprécier le caractère du poète et entrer dans les injustices et les chagrins dont peu de poètes ont été exemptés. Ils font preuve d'une étude minutieuse, sa connaissance de divers pays donne une couleur locale à ses descriptions et son amour de la poésie fait d'elle une admirable critique. On dit qu'elle a écrit toutes les vies italiennes et espagnoles à l'exception de Galilée et du Tasse ; et certainement son écriture contraste le plus favorablement avec la vie du Tasse, quel que soit celui à qui cela a pu être attribué. Mary était très déçue de ne pas avoir ce croquis particulier à écrire.

À sa vie de Dante, elle appose les vers de Byron tirés de *La Prophétie de Dante* :

C'est le destin
des esprits de mon ordre d'être tourmentés dans la vie ; pour épuiser leur cœur, consumer leurs jours dans des conflits sans fin et mourir seuls. Puis des milliers de personnes se pressent autour de leur tombeau, Et les pèlerins, venus des climats où ils ont connu Le nom de celui qui n'est plus qu'un nom, Répandent, par lui, sa renommée inouïe et ignorée.

Mary sentit combien ces belles lignes convenaient à plus d'un poète. L'absence d'affectation et un véritable amour pour son sujet rendent ses biographies très lisibles et, pour le lecteur ordinaire, il existe un fonds d'informations. La prochaine vie, celle de Pétrarque, est tout aussi attrayante ; en fait, il y a peu de choses qui peuvent dépasser l'intérêt de la vie de ces êtres immortels une fois écrit – avec la compréhension affichée ici. Même l'histoire compliquée de l'époque est rendue claire, et le poète, dont les tortures venaient du cœur, est touché avec autant d'émotion que celui qui a souffert des factions politiques des Bianchi et des Neri, et qui a ressenti la raideur des escaliers des autres. et la saveur salée du pain des autres. Le bannissement de Pétrarque par amour n'est pas décrit avec moins d'émotion, et nous sommes ramenés à la vie et aux maisons de l'époque dans les descriptions vivantes données par Marie. En toute honnêteté, il convient de citer un passage pour montrer sa compréhension et son appréciation enthousiastes du poète dont elle parle :

Dante, comme on l'a déjà laissé entendre, est le héros de son propre poème ; et la Divina Commedia est le seul exemple d'une tentative triomphalement accomplie et placée hors de portée du mépris ou de la négligence, dans laquelle du début à la fin l'auteur parle de lui-même individuellement. Si cela avait été fait autrement que par la manière parfaitement simple, délicate et discrète qu'il a adoptée, tout cela aurait été un égoïsme insupportable, une lourdeur dégoûtante ou une monotonie oppressante. Alors que cette identité personnelle est le charme, la force, l'âme du livre ; il vit, il respire, il s'y déplace ; son pouls bat ou s'arrête, son œil s'allume ou s'éteint, sa joue pâlit d'horreur, se colore de honte ou brûle d'indignation ; on entend sa voix, son pas, à chaque page ; nous voyons sa forme par la flamme de l'enfer ; son ombre dans le pays où il n'y a pas *d'autre* ombre (*Purgatoria*) et son visage gagnant une élévation angélique du « colloque sublime » avec une intelligence glorifiée dans le paradis d'en haut. Il ne sort jamais non plus de son caractère naturel. Il est en effet l'amant dès l'enfance de Béatrice, le magistrat aristocratique d'une démocratie farouche, le vaillant soldat dans le champ de Campaldino, le fervent patriote dans les querelles des Guelfes et des Gibelins, le disputeur éloquent et subtil à l'école de théologie. , l'exilé mélancolique errant de cour en cour, dépendant pour son pain et son abri de petits princes qui ne connaissaient sa valeur que comme un splendide captif à leur suite ; et par-dessus tout, il est le poète anticipant sa propre renommée assurée (bien que ce ne soit pas de manière intrusive) et dispensant à sa guise l'honneur ou l'infamie à d'autres, qu'il n'a qu'à nommer, et le son doit être entendu jusqu'à la fin des temps et un écho dans toutes les régions du globe. Dans sa vision, Dante est Dante tel qu'il a vécu, tel qu'il est mort et tel qu'il espérait vivre dans les deux mondes au-delà de la mort : un esprit immortel dans l'un, un poète inoubliable dans l'autre.

On sent que ceci est écrit avec le cœur de la femme qui a elle-même ressenti ce qu'elle a écrit. On aurait envie de parcourir ses différentes biographies, de retracer tout au long de ses sentiments, de son appréciation et de son enthousiasme poétique, mais c'est impossible. Elle nous emmène à travers la vie de Boccace et, comme par le reflet d'un coucher de soleil dans un miroir, nous sommes réchauffés par la lueur et la gaieté des temps lointains et révolus d'Italie. On sent à travers ses œuvres la délicatesse innée de son esprit. À travers la vie de Boccace, comme à travers toutes les autres, l'histoire des temps et les faits remarquables concernant les poètes sont mis en avant - comme les sommes d'argent que Boccace a dépensées, bien que pauvres, pour promouvoir l'étude du grec, bien avant la prise de pouvoir. de Constantinople par les Turcs. Dans l'amitié de Pétrarque et de Boccace, elle montre à quel point les grandes âmes peuvent aimer et vous fait les aimer en retour, et vous ressentez la richesse des rencontres de tels gens, de ces dictateurs de l'humanité – et non d'un pays ou d'un continent déchiré par les factions. . Comme les triomphes des conquérants qui se terminent dans la nuit, les fêtes des princes qui repartent encore affamés, paraissent dérisoires à côté des triomphes de l'intelligence, du symposium des âmes.

Après Boccace, Marie parcourut rapidement la carrière de Laurent de Médicis, Ficin, Pic de la Mirandole, Politien et Pulci, exposant à nouveau, après un siècle, l'étude de la langue grecque en Italie. L'histoire du véritable grand prince et de son cercle d'amis poètes, dont l'un, Politien, mourut le cœur brisé à la mort de son patron bien-aimé, est bien racontée. De là, elle passe aux adeptes du style romantique commencé par Pulci, Cieco da Ferrara, Burchiello, Bojardo ; puis Berni, né à la fin du XVe siècle, qui reprit ou refondit *l'Orlando Innamorato de Bojardo* , qui fut suivi par l' *Orlando Furioso de l'Arioste* , qui fait les délices de l'Italie. Dans la vie de l'Arioste, Marie, comme toujours, se plaît à montrer l'affection filiale et les beaux traits de la nature du poète. Elle cite ses lignes :

Les années de pitié de notre mère remplissent mon cœur,
Car sans infamie, elle ne pourrait pas être abandonnée par nous tous à la fois.

Mais avec ces éloges, elle dénonce fermement la prodigalité de ses écrits comme probablement celle de sa vie. Elle dit : « Un auteur peut ne pas être responsable devant la postérité du mal de sa vie mortelle ; mais pour la débauche de cette vie qu'il vit après des siècles, contaminant par une infection irrépressible et incurable l'esprit des autres, il est sensible même dans sa tombe. »

À travers les subtilités de la tête claire et du traitement consciencieux de Machiavel, Mary guide le lecteur jusqu'à ce que la lumière semble briller. Le caractère aux multiples facettes de l'homme ressort, les difficultés de l'époque dans laquelle il écrivait, tout en conseillant aux princes comment agir en cas de danger et en exhortant ainsi le peuple à résister. N'avait-il pas prévu que la tyrannie se développerait, que la résistance serait complète et que sa propre république préférée aboutirait à la mort des tyrans ? Une remarque de Mary à propos de l'époque où Machiavel se considérait comme le plus négligé mérite d'être enregistrée : « Il déplore amèrement l'inaction de sa vie et exprime un ardent désir d'être employé. Entre-temps, il s'est créé une occupation, et c'est l'une des les leçons que l'on peut tirer de la connaissance des sentiments et des actions des hommes célèbres, pour apprendre que cette période même pendant laquelle Machiavel se lamentait de la négligence de ses contemporains et de la tranquillité de sa vie, était celle pendant laquelle sa renommée s'enracinait , et qui nous a valu son nom. Il a occupé ses loisirs à écrire les œuvres qui ont occasionné son immortalité.

S'ensuit une courte vie de Guicciardini ; puis Mme Shelley arrive au sujet sympathique de Vittoria Colonna, la noble veuve du marquis de Pescara, la chère amie dans ses dernières années de Michel-Ange, la femme dont les écrits, les réalisations et les vertus ont fait d'elle la fierté de l'Italie. Avec elle, Mary Shelley donne quelques-uns de la longue liste de noms de femmes qui sont devenues célèbres en Italie grâce à leur intelligence : — la belle fille d'un professeur, qui enseignait derrière un voile au temps de Pétrarque ; la mère de Laurent de Médicis, Ippolita Sforza ; Alessandra Scala; Isotta de Padoue ; Bianca d'Este; Damigella Torella; Cassandra Fedélé. Nous passons ensuite à la vie de Guarini, et faute de Tasso, dont Mary Shelley n'a pas écrit la vie, nous arrivons à Chiabrera, qui a essayé d'introduire la forme de la poésie grecque en italien. Tassoni, Marini, Filicaja sont agréables, mais brièvement évoqués. Puis arrive Metastasio, dont le génie juvénile d'improvisateur lui valut très tôt des applaudissements, qui furent suivis par l'écriture réussie de drames en trois actes pour l'opéra, et par une vie calme et prospère à Vienne, sous la protection successive de l'empereur. Charles VI, Marie-Thérèse et Joseph II. Le contraste entre la prospérité égale de la vie de Métastase et celle de certains des grands poètes est frappant. C'est ensuite Goldoni qui attire l'attention, dont les comédies sur les mœurs italiennes jettent beaucoup de lumière sur la vie frivole de la société avant la Révolution française, sa propre carrière ajoutant aux images de l'époque. Ensuite, l'histoire variée de la vie d'Alfieri est bien racontée, sa triste période de jeunesse, lorsqu'il fut enlevé à sa mère pour souffrir de nombreuses négligences éducatives et autres, les difficultés qu'il traversa en raison de son origine piémontaise et de son ignorance de la langue italienne pure. Elle clôture les poètes italiens modernes avec Monti et Ugo Foscolo, dont la triste vie à Londres est exposée.

Les études d'espagnol de Mary lui permettent de traiter aussi bien les poètes espagnols que portugais. Son introduction est un bon essai sur la poésie et les poètes espagnols, et certaines des traductions, qui sont les siennes, sont très heureusement données. L'impulsion poétique en Espagne remonte aux Ibères, en passant par les Romains, les Wisigoths, les Maures et les premiers poètes espagnols inconnus, parmi lesquels il y avait de nombreux beaux exemples. Elle nous conduit à Boscan au début du XVIe siècle. Boscan semble avoir été un de ces êtres rares, un poète doté de toutes les faveurs de la fortune, y compris le contentement et le bonheur. Ses amis Garcilaso di Vega et Mendoza contribuèrent grandement à la formation de la poésie espagnole, tous trois ayant étudié à l'école italienne et à Pétrarque. Ce siècle, riche en poètes, nous donne aussi Luis de Leon, Herrera, Saadé Miranda, Jorge de Montemayor, Castillejo, les dramaturges ; et Ercilla, le poète soldat, qui, dans l'expédition pour la conquête du Pérou, se rendit à Arauco et écrivit le poème nommé *Araucana* . De lui, nous passons à l'un des plus grands hommes de tous les temps, Cervantès, à celui qui comprenait le fonctionnement du cœur humain et qui s'est tellement élevé au-dessus du niveau commun qu'il a été négligé dans l'ampleur de son propre travail. Originaire d'une famille noble, et ayant servi son pays à la guerre, perdant sa main gauche à la bataille de Lépante, il ne reçut aucune reconnaissance pour ses services après son retour d'une cruelle captivité parmi les Maures. Au lieu d'une récompense, Cervantes semble avoir subi toutes les indignités que pourraient imaginer les multitudes de pygmées pour rabaisser un grand homme, si cela était possible. Marie, comme toujours, se lève avec son sujet. Elle remarque : « Il est certainement curieux qu'à l'époque où l'on considérait comme faisant partie des devoirs d'un noble de protéger et de patronner les hommes de lettres, Cervantes ait été ainsi ignoré ; et ainsi, pendant que son livre parcourait l'Europe avec admiration, Cervantes est resté pauvre et négligé. Ainsi le monde honore-t-il souvent ses plus grands, comme s'il était jaloux de la renommée à laquelle ils ne pourront jamais atteindre.

De Cervantès nous passons à Lope de Vega, dont que reste-t-il des mille drames ? et pourtant quels honneurs et quelle fortune lui furent comblés au cours de sa vie ! Un équilibre plus équilibré de qualités lui permettait d'écrire des pièces divertissantes et de flatter la faiblesse du pouvoir. De Gongora et Quevedo, Marie passe à Calderon, qu'elle considère à juste titre comme le maître de la poésie espagnole. Elle déplore le peu que l'on sait de sa vie, et qu'après lui la belle période de la littérature espagnole décline, à cause de la tyrannie et de la mauvaise gouvernance qui écrasaient et détruisaient l'esprit et l'intellect de l'Espagne ; car, malheureusement, l'art et la poésie ont besoin non seulement de l'artiste et du poète, mais aussi d'une atmosphère agréable pour survivre.

Écrire pour cette Cyclopædia était évidemment un travail très pertinent pour Mme Shelley. Elle a également écrit pour elle les vies de certains poètes français. Certaines histoires ont également été écrites. Dans ceux-ci, elle était moins heureuse, comme dans son roman *Perkin Warbeck* , pâle imitation de Walter Scott, qui n'appelle aucun commentaire particulier.

Peu de temps après la mort de son père, Mme Shelley écrivit du 14 North Bank, Regent's Park, à Moxon, souhaitant s'arranger avec lui au sujet de la publication de l'autobiographie, des lettres, etc. de Godwin. Mais une dizaine d'années plus tard, nous la voyons encore exprimer le souhait d'accomplir un travail de ce genre comme un devoir solennel si sa santé le permet. Il est probable que les très nombreuses notes que Mme Shelley a prises sur son père et son environnement concernaient cet objet.

La santé de Mme Shelley lui causa parfois des problèmes considérables à partir de cette période. Harrow ne lui convenait pas et en 1839 elle déménagea à Putney ; et l'année suivante, 1840, elle put faire le voyage mentionné ci-dessus, auquel nous ne pouvons mieux faire que de rappeler tout de suite.

CHAPITRE XVI.

L'ITALIE REVISITÉE.

Dans *les Rambles in Germany and Italy* in 1840-42-43 de Mary Shelley, publié en 1844, nous avons non seulement un récit agréable d'elle-même avec son fils et ses amis lors d'un voyage d'agrément, mais aussi des descriptions très intéressantes et charmantes de la vie continentale à cette époque. temps.

Mary, avec son fils et deux amis de collège, décident en juin 1840 de passer leurs vacances au bord du lac de Côme. L'idée de visiter de nouveau un pays où elle avait si véritablement vécu et où elle avait traversé des douleurs profondes, la remplissait d'une grande émotion. Sa santé défaillante lui faisait sentir l'avantage que lui apporteraient les voyages et les changements de pays. Après avoir passé deux agréables mois du printemps à Richmond, visitant les caricatures de Raphaël à Hampton Court, elle passa par Brighton et Hastings. En route vers Douvres, elle remarqua comment Hastings, il y a quelques années un simple village de pêcheurs, était devenu une nouvelle ville. Ils furent retardés à Douvres par une tempête, mais repartirent le lendemain matin, le vent soufflant toujours un coup de vent ; En arrivant à Calais, ils furent encore retardés par la marée. Enfin Paris est arrivé, et nous trouvons Mary faisant sa première expérience à une *table d'hôte* . Mary voyageait maintenant avec une femme de chambre, ce qui sans doute, en raison de sa santé quelque peu affaiblie, lui imposait une nécessité. Ils se rendirent à l'hôtel Chatham à Paris. Elle éprouvait toute la sensation régénératrice d'être dans un pays frais hors de la petite île ; le poids des soucis semblait lui tomber dessus ; la vie à Paris la réjouissait, même si les rues étaient alors assez sales – plus sales que celles de Londres ; alors que le contraste est désormais dans la direction opposée.

Après une semaine, ils se dirigèrent vers Côme en passant par Francfort. Ils devaient passer Metz, Trêves, la Moselle, Coblentz et le Rhin jusqu'à Mayence. La liberté des soucis et des soucis dans un pays étranger, avec des moyens suffisants et seulement en compagnie de jeunes ouverts au plaisir, a donné une nouvelle vie à Marie. Après avoir passé une nuit à Metz, la petite ville propre de la Moselle, ils passèrent à Trêves. A Thionville, frontière allemande, ils furent frappés par l'aspect misérable des chaumières contrairement aux Français. De Trêves, ils remontèrent en bateau la Moselle. Les rives sinueuses de la Moselle, aux vignobles abrités par les montagnes, sont bien décrites. Les paysans sont contents et prospères, car après la Révolution française, ils ont racheté les domaines confisqués aux nobles et ont ainsi pu cultiver la terre. Les voyageurs ramèrent dans le Rhin en arrivant à Coblentz et se reposèrent à Bellevue ; et maintenant ils passèrent devant les plus grandes beautés du Rhin. Cela a donné envie à Mary d'y passer un été et d'en explorer les recoins. Ils arrivèrent à Mayence à minuit et repartirent le lendemain matin en chemin de fer pour Francfort, le premier train dans lequel ils étaient montés sur le continent. Mary préférait de loin le confort du voyage en train. De Francfort, ils engageèrent un voiturier à Schaffhouse, en séjournant à Baden-Baden. Les châteaux en ruine rappellent des souvenirs d'époques changées, et Mary remarque que, sauf en Angleterre et en Italie, les maisons de campagne des riches semblent inconnues. A Darmstadt, où ils s'arrêtèrent pour déjeuner, ils furent ennuyés et amusés aussi par les désagréments et l'inattention que leur faisait subir l'arrivée attendue du Grand-Duc. En arrivant à Heidelberg, elle remarque combien, en voyage, on est frappé par la manière dont l'orgueil des princes de vouloir une domination plus étendue provoque la dévastation des pays les plus justes. Depuis le château en ruine, ils contemplèrent le Palatinat dévasté par l'ambition de la princesse Elisabeth, fille de notre Jacques Ier. Marie aurait pu s'attarder longtemps parmi les murs pittoresques plantés de mauvaises herbes, mais elle dut continuer le chemin vers leur destination. A Baden, ils visitèrent le salon de jeu et virent jouer *Rouge et Noir*. Ils furent très frappés par les chutes du Rhin à Schaffhouse ; et, en arrivant à Chiavenna, Marie eut de nouveau le plaisir d'entendre et de parler italien. Après avoir traversé les montagnes vierges, celui qui n'a pas éprouvé le délice de cette sensation n'a pas encore connu une des joies de l'existence. En arrivant à destination au lac de Côme, leur lieu de repos temporaire, une dépression passagère s'est emparée du groupe, le sentiment qui survient souvent lorsqu'on est enfermé dans les montagnes, loin de chez soi. Sans doute Mary étant arrivée en Italie, le pays qu'elle aimait, avec Shelley, le sentiment d'être sans lui l'assaillait.

A Cadenabia, sur le lac de Côme, il fallut réfléchir aux voies et moyens. Il s'est avéré que les appartements, malgré toutes leurs difficultés, équivaudraient à des dépenses d'hôtel sans le même confort. Ils décidèrent donc d'accepter les conditions modérées proposées par le propriétaire et furent installés confortablement, voire luxueusement, avec cinq petites chambres et un grand salon privé. Dans un coin de cette pièce, Mme Shelley a installé son métier à broder, son bureau, ses livres et autres objets similaires, témoignant de son goût pour l'ordre et l'élégance. Ainsi, pendant quelques semaines, elle, son fils et ses deux compagnons purent passer leur temps sans soucis domestiques. Le lac et le quartier sont décrits de manière pittoresque. L'un des inconvénients pour la tranquillité d'esprit de Mary était l'arrivée du bateau de son fils. Il semblait avoir hérité de l'amour de son père pour la navigation de plaisance, ce qui la remplissait naturellement d'appréhension. Ils firent de nombreuses excursions agréables, dont elle donne toujours de bonnes descriptions, et entre aussi clairement dans tous les détails historiques liés au pays. Parfois, la beauté et le calme de la scène la transportaient dans des humeurs ravies qu'elle décrit ainsi :

Il m'a semblé, et un tel soir je l'ai ressenti, que le monde, doté extérieurement de formes et d'influences infinies de beauté et de jouissance, est peuplé également dans sa vie spirituelle par des myriades d'esprits aimants, dont Sans nous en rendre compte, nous captons des impressions qui façonnent nos pensées vers le bien, et ainsi elles guident de manière bénéfique le cours des événements et contribuent à la destinée de l'homme. Je n'ose deviner si les morts bien-aimés font partie de cette sainte compagnie ; mais cela existe, je le sens. Ils se tiennent à distance alors que nous sommes mondains, mauvais, égoïstes ; mais approchez-vous, en accordant la récompense de la joie née du ciel, lorsque nous sommes animés par de nobles pensées et capables d'actions désintéressées. Sûrement ceux-là se rassemblent autour de moi ce soir, faisant partie de cette atmosphère de paix et d'amour qu'il est paradisiaque de respirer.

Je pensais que cette extase était morte en moi pour toujours, mais le soleil d'Italie a dégelé le ruisseau gelé.

De tels sentiments poétiques étaient le résultat naturel du calme et du repos après la vie de soucis et d'anxiété à laquelle la pauvre Mary avait longtemps été soumise. Elle semble toujours plus dans son élément lorsqu'elle décrit les cataractes des montagnes, les tempêtes alpines, l'eau fouettée par les vagues et l'écume du vent, tous les changements de paysages de montagnes et de lacs ; mais ces vacances tranquilles avec son fils prirent fin et ils durent songer à rentrer chez eux. Avant cela, ils sont passés par Milan, y ont apprécié l'opéra et sont allés voir « La Cène » de Léonard de Vinci, que Marie admire naturellement beaucoup ; elle évoque les Luinis sans enthousiasme. Pendant leur séjour ici, la non-arrivée d'une lettre causa une grande inquiétude à Mary, car ils étaient maintenant obligés de rentrer à cause du début du mandat de Percy, et il y avait à peine assez d'argent pour qu'il puisse voyager sans elle ; cependant, c'était la seule chose possible, et il fallait donc le faire. Percy retourna en Angleterre avec ses deux amis et sa mère dut rester à Milan en attendant la lettre. Les jours passent sans qu'aucune lettre ne tombe sous la main, des jours perdus, car Marie était trop inquiète et inquiète pour pouvoir prendre du plaisir à son séjour. Elle n'avait pas non plus de connaissances sur place ; elle supportait à peine de descendre seule dîner à *la table d'hôte* , même si elle surmontait ce sentiment car c'était son seul moment de voir quelqu'un. Dix jours se passèrent ainsi, jours d'orages et de tempêtes, pendant lesquels son fils et ses compagnons repassèrent les Alpes. Ils l'avaient quittée le 20 septembre, et ce n'est que lorsqu'elle arriva à Paris le 12 octobre qu'elle prit conscience du désastreux voyage qu'ils avaient fait et de l'impossibilité pour eux de s'en sortir ainsi. avait-elle été avec eux ? en fait, elle aurait difficilement pu survivre à cela. La description de ce voyage a été écrite à Mme Shelley dans une lettre des plus graphiques et pittoresques par l'un des compagnons de son fils. Ils ont failli se noyer alors qu'ils traversaient le lac en diligence sur un radeau, lors d'une violente tempête. On leur apprit ensuite que la route du Dazio Grande à Airolo avait été emportée à soixante pieds sous le torrent actuel. Accompagnés d'un guide, ils ont dû se frayer un chemin sur une piste de montagne inutilisée, rendue très dangereuse par la tempête. Ils ont tous perdu leurs chaussures et leurs bas et ont dû courir du mieux qu'ils pouvaient. Percy, avec quelques autres, avait perdu la trace ; mais ils rencontrèrent providentiellement le reste du groupe dans une auberge de Piota, et de là réussirent à atteindre Airolo ; C'est ainsi qu'ils franchirent le magnifique col du Saint-Gothard, l'une des merveilles du monde.

Mme Shelley ayant enfin récupéré la lettre à la poste, revint avec sa femme de chambre et un vetturino qui avait avec lui trois dames irlandaises, en passant par Genève, séjournant à Isola Bella. Après avoir dépassé le Lac Majeur, un virage sur la route lui ferma le lac et l'Italie, et elle poursuivit son voyage le cœur lourd, comme beaucoup de voyageurs l'ont fait et comme beaucoup d'autres le feront, la fascination de l'Italie dans la plupart des circonstances. étant intense. Marie décrit ensuite l'un des maux de l'Italie alors divisée. Le côté sud du Simplon appartenait au roi de Sardaigne, mais sa route menait aussitôt à la frontière autrichienne. Le souverain sarde voua donc à la ruine ce magnifique col pour forcer les gens à passer par le Mont Cenis, et rendit ainsi la route la plus dangereuse pour ceux qui étaient obligés de le traverser. Le voyage sur le Simplon s'est avéré des plus charmants, et Mme Shelley était très satisfaite de la courtoisie de son vetturino, qui dirigeait tout admirablement. Maintenant, en route vers Genève, elle revint aux mêmes scènes qu'elle avait vécues au début avec Shelley. Elle les décrit ainsi :

Les Alpes lointaines étaient cachées, le vaste lac paraissait triste. Enfin, j'entrevis les scènes parmi lesquelles j'avais vécu, lorsque je quittai pour la première fois l'enfance pour entrer dans la vie. Là, sur les rives de Bellerive, se tenait Diodati ; et notre humble demeure, la Maison Ohapuis, nichée à proximité du lac en contrebas. Il y avait les terrasses, les vignes, le chemin ascendant qui les enfilait, le petit port où était amarré notre bateau. Je pouvais marquer et reconnaître mille particularités, objets alors familiers, oubliés depuis, désormais remplis de souvenirs et d'associations. Étais-je la même personne qui avait vécu là, le compagnon des morts — car tous étaient partis ? Même mon jeune enfant, que j'avais considéré comme la joie des années futures, était mort en bas âge. Pas un seul espoir, alors en germe, ne s'était ouvert jusqu'à maturité ; la tempête, le fléau et la mort étaient passés et avaient tout détruit. Alors que j'étais encore très jeune, j'avais atteint la position d'une personne âgée, repoussé par la mémoire pour la compagnie de l'être aimé, et maintenant je regardais les objets inanimés qui m'entouraient, qui survivaient sous le même aspect qu'alors, pour ressentir que toute ma vie depuis est une fantasmagorie irréelle — les ombres qui se sont rassemblées autour de cette scène étaient les réalités, les substances et la vérité de la vie de l'âme que je rejoindrai plus tard, j'espère.

Mary fait une longue digression sur le changement de manières des Français depuis la révolution de 1830, disant qu'ils avaient tellement perdu de leurs manières agréables et agréables, de leur Monsieur et de leur Madame, qui semblaient si jolis. De Genève par Lyon, en passant par Châlons, la diligence la transporte lentement jusqu'à Paris, et de là elle rentre bientôt en Angleterre en octobre.

La prochaine tournée de Mary avec son fils eut lieu en 1842, via Amsterdam, à travers l'Allemagne et l'Italie. Depuis Francfort, elle raconte à un ami son voyage avec ses diverses mésaventures. Après avoir passé une charmante semaine entre amis dans le Hampshire, puis passé un jour ou deux à Londres pour dire adieu à de vieux amis, Mme Shelley, son fils et M. Knox s'embarquèrent pour Anvers le 12 juin 1842. Après la traversée maritime , ce que redoutait Marie, le plaisir d'entrer dans le calme de l'Escaut est toujours grand ; mais elle ne semble pas avoir reconnu le charme du paysage tranquille belge ou hollandais. Avec son amour de la montagne, ces aspects pittoresques lui semblent perdus ; du moins, remarque-t-elle : « Il est étrange qu'une scène, en soi sans intérêt, devienne agréable à regarder dans un tableau, à cause de la vérité avec laquelle elle est représentée et d'une perfection de coloration qui à la fois contraste et harmonise les teintes. du ciel et de l'eau. Mary ne semble pas comprendre que l'artiste qui fait cela sélectionne les beautés de la nature à représenter. Une représentation fidèle d'un morceau de nature vulgarisé serait très pénible à regarder ou à peindre pour un artiste. Les villas anglaises ou italiennes du lac de Côme ou de la Riviera exigeraient beaucoup de négligence de la part de l'artiste pour ne pas vulgariser les scènes glorieuses qui les entourent ; mais cette leçon n'a pas encore été largement apprise dans les temps modernes, à savoir que la beauté ne peut jamais gâcher la nature, aussi humble soit-elle ; mais aucune somme de richesse dépensée pour un palais ou une demeure ne peut le rendre digne d'un tableau, sans le sentiment de l'artiste, pas plus que les beautés de l'Italie sur toile ne peuvent être autre chose qu'une horreur sans le même pouvoir subtil.

A Liège, de nouvelles inquiétudes envahissent le parti. La difficulté de récupérer tous leurs bagages, ainsi qu'un vol de seize livres dans la chambre de son fils pendant la nuit, n'ajoutèrent rien aux plaisirs du début de leur voyage ; mais, comme le dit Mary, l'inconfort n'était rien comparé à ce qu'il aurait été en 1840, lorsque leurs moyens étaient bien plus restreints, et elle pense : « Accueillez ce mal afin qu'il soit le seul », car, comme elle le dit, un dont la vie a été tant entachée par la tragédie ne pourra jamais retrouver un tonus sain, s'il le faut pour ne pas craindre pour ceux que l'on aime. En arrivant à Cologne, le groupe remonta le Rhin jusqu'à Coblentz. Comme ni Marie ni ses compagnes ne l'avaient fait auparavant, l'intendant leur a de nouveau imposé beaucoup de pression. Elle se souvient de son précédent voyage avec Shelley et Claire, alors qu'ils passaient la nuit dans un bateau non ponté sur la rivière rapide, "attachés" à un saule sur la rive. Quand Francfort est enfin atteint, il faut décider où passer l'été. Kissingen est décidé, pour que Mme Shelley essaie les bains. Ici, ils logent, et tous les inconforts liés à la recherche des nécessités de la vie et d'un certain ordre, lorsqu'ils ignorent complètement la langue du lieu, sont décrits de manière amusante par Mme Shelley. Le traitement et le régime alimentaire aux bains semblent avoir été très sévères, presque tout ce qui est habituellement nécessaire à la vie étant interdit par le gouvernement afin de rendre justice à l'efficacité des bains.

Traversant diverses villes allemandes pour se rendre à Leipzig, ils séjournent à Weimar, où Mary surprend plutôt le lecteur en faisant remarquer qu'elle n'est pas sûre de donner la supériorité à Goethe ; que Schiller lui avait toujours semblé l'homme le plus grand, si complet. Il est vrai qu'elle ne connaissait les poètes que par leurs traductions, mais les merveilleux passages traduits de Goethe par Shelley l'auraient peut-être davantage impressionnée. Marie est très frappée, en voyant les tombeaux des poètes, de ce qu'ils sont placés dans la même chambre étroite que les princes, témoignant de la véritable admiration de ces derniers pour ceux qui avaient jeté un éclat à leur royaume, et de leur désir de participer même au grave la renommée du poète. Marie, lorsqu'elle est dans le pays de Frédéric le Grand, montre peu d'enthousiasme pour ce grand monarque, si simple dans sa vie, si juste, si aimé et si entouré de dangers qu'il a surmontés pour le bien du pays. Il est difficile de concevoir ce qu'aurait pu être Frédéric à la place de Napoléon après la Révolution, ni comment il aurait pu agir. Certainement pas pour une simple valorisation personnelle. Mais les tyrannies des petits princes allemands Marie ne passent pas sous silence, à juste titre, comme la terrible histoire racontée dans *La Cabale et l'Amour de Schiller* . Elle se souvient comment le duc de Hesse-Cassel vendit ses paysans pour la guerre américaine, pour donner en échange des bijoux à sa maîtresse, et comment, sur son étonnement exprimé, la servante répondit qu'ils ne coûtaient que sept mille enfants du terroir qui venaient d'être envoyés. à l'Amérique. À ce sujet, Mary remarque : « L'histoire manque terriblement à son devoir lorsqu'elle remet au poète le récit et le souvenir d'un tel événement ; un événement, il faut l'espérer, qui ne pourra jamais se renouveler. Et pourtant quels actes de cruauté et de cruauté. Il se peut que la tyrannie ne suscite pas de réaction sur la scène du monde que nous vantons d'être civilisé, si un homme a un pouvoir incontrôlé sur la vie de nombreuses personnes, l'histoire non écrite de la Russie pourra désormais la raconter. »

Cela semble faire penser à des réminiscences de la vie de Claire en Russie. Mme Shelley remarque également une grande supériorité en matière de confort, d'ordre et de propreté dans les régions protestantes par rapport aux régions catholiques d'Allemagne, où la liberté de conscience a été acquise, et est profondément touchée en visitant la chambre de Luther dans le château de Wartburg surplombant la forêt de Thuringe. .

Ses séjours à Berlin et à Dresde, dans la chaleur de l'été, ne frappent pas beaucoup le lecteur par son sens de l'art pictural. Elle est impressionnée par les images de renommée mondiale ; mais ses remarques, quoique celles d'une femme intelligente, montrent que l'amour de la nature, surtout dans ses formes les plus majestueuses, ne donne ni n'implique l'amour de l'art. Le sentiment de l'art plastique exige que l'émotion qui traverse tout art, et sans laquelle il n'est rien, soit nettement innée comme chez l'artiste, ou qu'elle ait été cultivée par l'entourage et l'influence. Il est vrai qu'il est apparemment difficile de toujours retracer l'influence. De la contemplation des Alpes à la connaissance des arts plastiques, il n'y a pas de pas. L'art littéraire ne comprend pas nécessairement l'art pictural : il peut prétendre exposer ce dernier, et le lecteur, également ou plus ignorant encore, s'imagine qu'il apprécie l'art pictural parce qu'il savoure son exposition littéraire. Il est certain qu'une véritable œuvre d'art plastique, constamment présentée à un enfant pour qu'il apprenne à aimer, ferait plus que beaucoup après l'étude. Le meilleur de tout devrait être donné aux enfants – la musique, la poésie, l'art – car il est plus facile alors de l'inculquer que de l'éradiquer plus tard. Il est vrai que ces remarques peuvent sembler inutiles en ce qui concerne Mary Shelley, car, malgré tous ses dons réels et sa perspicacité en matière de poésie, elle est très modeste quant à ses lacunes en matière de connaissances artistiques et s'excuse même des remarques faites dans ses lettres. pour cela, sa vérité de la nature doit être louée. En musique également, elle semble plus réellement émue par sa propre nature émotionnelle que par la seule musique ; comment, autrement, aurait-elle été déçue d'entendre *Masaniello* , tout en admirant la musique allemande, alors que le grand opéra d'Auber a suscité la plus haute admiration de la part des principaux musiciens allemands ? Mais elle n'y avait pas été auparavant attirée ; C'est la grande différence entre la perception et la connaissance acquise, et c'est pourquoi on confond si souvent l'art littéraire avec la perception. Mais Marie a utilisé ses pouvoirs avec justice et a tracé la limite où elle était consciente de la connaissance ; elle avait une réelle imagination et utilisait ce précieux cadeau à juste titre, conservant ainsi l'honneur et l'indépendance, tâche difficile pour une femme dans sa position. Elle exprime sa pitié pour les voyageurs qu'elle rencontre, qui ont simplement hâte d'avoir tout « fait ». Elle remarque avec raison : « Nous devons faire partie des scènes qui nous entourent, et elles doivent se mêler et devenir une partie de nous, sinon nous voyons sans voir et étudions sans apprendre. Il n'y a pas de bien, pas de connaissance, à moins que nous puissions sortir et prendre en nous une partie de l'extérieur. C'est le secret des mathématiques aussi bien que de la poésie.

Leur voyage à Prague et sa situation pittoresque lui procurèrent un grand plaisir. L'histoire émouvante et romantique est bien décrite – l'histoire, comme le dit avec raison Shelley, est un récit de crime et de misère. Les premiers réformateurs surgirent en Bohême. Le martyre de Jean Huss n'a pas éteint son influence éclairante ; et tandis que tout le reste de l'Europe était asservi dans les ténèbres, la Bohême était libre avec une religion pure. Mais un exemple aussi frappant pourrait ne pas durer, et la Bohême est devenue une province de l'Empire, et il ne reste plus aujourd'hui une centaine de protestants dans le pays. L'intéressante histoire de saint Jean Népomucène, l'histoire de Wallenstein, ainsi que la plus belle tragédie de Schiller, prêtent toutes leur intérêt à Prague. Lors du voyage à travers la Bohême et le sud de l'Allemagne, les auberges sales et inconfortables étaient remarquables. Le lac de Gemünden a beaucoup frappé Mary par sa beauté poétique et elle a pensé que c'était l'endroit où elle aimerait se retirer pendant un été. Depuis Ischl, ils ont traversé le col du Brenner du lac de Garde jusqu'en Italie. Mary fut particulièrement frappée par les beautés de Salzbourg, avec l'immense plaine à moitié entourée de montagnes couronnées de châteaux et dominée par les hautes Alpes. Elle considérait tout ce pays comme supérieur aux Alpes suisses, et désirait y passer des mois quelque temps. Par cette belle route, ils atteignirent Vérone, puis Venise. Sur le chemin de Venise, Marie prit conscience (comme nous l'avons déjà noté) d'un souvenir intime de chaque objet et de chaque détour du chemin. C'est par ce même chemin qu'elle entra à Venise vingt-cinq ans auparavant avec son enfant mourant. Elle remarque que Shakespeare connaissait ce sentiment et a doté le chagrin de la reine Constance d'une terrible réalité ; et, plus tard, le poème « The Wood Spurge » renforce le même sentiment. Holcroft a fait remarquer que l'attention que l' âme porte aux objets présentés à l'œil au moment de l'agonie est un soulagement accordé par la nature pour permettre aux nerfs de supporter la douleur. En arrivant à Venise, la recherche d'un logement échoua ; mais deux messieurs, à qui ils avaient été présentés, trouvèrent pour la fête un hôtel dans la limite de leurs moyens encore limités ; leur marché s'élevait à 9 £ par mois chacun pour tout compris. Ils visitèrent de nouveau le Rialto et Mme Shelley observa : « Souvent, lorsque j'étais ici auparavant, je visitais cette scène à cette heure-là, ou plus tard, car souvent j'attendais le retour de Shelley du Palazzo Mocenigo jusqu'à deux ou trois heures du matin. je jetai un coup d'œil aux rames, j'entendis le chant lointain et vis les palais endormis à la lumière de la lune, qui voile de ses ombres profondes tout ce qui affligeait les yeux et blessait le cœur dans les palais délabrés de Venise ; maintenant je vois le pont du Rialto qui enjambe le canal. Tout, tout est pareil, mais, comme dit le poète : « La différence pour moi. »

Elle remarque bon nombre des tableaux les plus célèbres de l'Académie ; et elle a eu la chance de voir Saint Pierre Martyr, qu'elle appelle mal Saint Pierre l'Ermite, hors de sa niche sombre dans l'église de Santi Giovanni e Paolo.

Elle donne une très bonne description de la vie vénitienne de l'époque et vante l'affection familiale et la vie de famille comme étant d'une nature beaucoup moins égoïste qu'en Angleterre ; comme elle le fait remarquer avec raison, si un voyageur se retrouve dans une situation vicieuse ou désagréable dans un pays quelconque, il ne servirait pas à juger tout le reste de la nation selon cette norme - comme elle considérait que Shelley l'avait fait lors de son séjour à Venise avec Byron. Elle considère que le manque d'une bonne éducation en Italie à cette époque est la cause de l'indolence régnante, l'amour avec les jeunes et l'économie avec les aînés étant la principale occupation. Elle donne une très bonne description des familles nobles et de leur descendance. De nombreux palais italiens ont conservé leurs tableaux et, au palais Pisani, Marie a vu Paul Véronèse, aujourd'hui à la Galerie nationale, de « La famille de Darius aux pieds d'Alexandre ». L'amour de Mary pour Venise grandit et elle semble avoir sérieusement eu l'idée de prendre un palais et de s'y installer ; mais toutes les fantaisies des voyageurs ne se réalisent pas. Un soir de pleine lune, elle entendit un vieux gondolier défier un plus jeune d'alterner avec lui les strophes de la *Gerusalemme* . Les hommes se tenaient sur la Piazzetta, à côté de la Laguna, entourés d'autres gondoliers au clair de lune. Ils scandaient « La mort de Clorinda » et d'autres passages favoris ; et bien que, à cause du dialecte vénitien, Mary ne puisse pas comprendre chaque mot, elle fut très impressionnée par la dignité et la beauté de la scène. Les Pigeons de Saint-Marc existaient alors comme aujourd'hui. Mary a terminé son séjour à Venise par une visite à l'Opéra et s'est jointe à une fête, sur invitation, pour accompagner l'archiduc d'Autriche au Lido à son départ.

Mme Shelley admirait beaucoup l'expression des premiers maîtres de Padoue, bien qu'elle ne mentionne pas Giotto. A Florence, les frais des hôtels l'obligèrent encore une fois à entreprendre le pénible travail de recherche d'appartements. Ils trouvèrent heureusement des pièces ensoleillées, car le froid était intense. Au froid succéda la pluie, et elle dit : « Il n'est pas question de marcher, et de conduire, comme j'envie et méprise à la fois les riches heureux qui ont des voitures et qui ne s'en servent que pour se promener tous les après-midi dans les Cascine. pourrais, je visiterais tous les endroits mentionnés dans l'histoire florentine, visiterais ses villes de renommée ancienne et me promener au milieu de scènes familières à Dante, Boccace, Pétrarque et Machiavel.

Les descriptions des tableaux de Ghirlandajo à Florence sont très bonnes. Mary étudie maintenant évidemment l'art avec beaucoup de soin et d'intelligence, et fait des remarques très intelligentes à son sujet. Elle peut également attirer l'attention sur le fait que M. Kirkup avait récemment fait la découverte de la tête de Dante Alighieri, peinte par Giotto, sur le mur de la chapelle du palais du podestat à Florence. Le fait fut mentionné par Vasari, et Kirkup fut autorisé à enlever le badigeon et à découvrir ce trésor inestimable. Giotto, en train de peindre ce portrait, est le sujet d'un des plus beaux dessins de l'école anglaise, hélas ! pas peint sous aucune forme de fresque sur un mur anglais.

De l'art de Florence, Mme Shelley se tourne vers son histoire avec sa méthode lucide habituelle. L'espace n'admettra pas tous les détails intéressants, mais son récit des factions, du bon travail et des terribles tragédies des Carbonari est des plus intéressants. On remarque bien la grande égalité à Florence, qui explique le peu de détresse réelle des pauvres et la simplicité de vie des nobles. Elle entre ensuite dans un récit de la littérature italienne moderne, à laquelle elle accorde une grande importance et dont elle espère beaucoup. La même lutte entre romantiques et classiques existait que dans d'autres pays ; et elle classe Manzoni avec Walter Scott, tout en admettant qu'il n'a pas la même gamme de caractères. Marie et son groupe se rendirent ensuite par mer à Rome. Ici encore, les gloires de l'Italie et de son art ne manquaient pas de susciter des remarques éloquentes sous la plume de Marie ; et ses opinions, bien que parfois quelque peu contradictoires, sont toujours bien exprimées. Elle, au moins, avait envie d'apprécier les merveilles des Stanze et de sentir que le génie et l'intellect ne sont pas hors de leur domaine dans l'art. Elle regrette seulement que le grand art italien, qui peut exprimer si parfaitement le sentiment religieux et l'extase divine, n'ait pas tenté les grands sentiments de l'humanité, l'amour fidèle jusqu'à la mort, les émotions telles que les décrit Shakespeare. Même si ce souhait existe et qu'il existe des artistes capables de le réaliser, l'art n'est pas mort. Après un chapitre très instructif sur l'histoire moderne des États pontificaux, nous retrouvons Marie parmi les scènes les plus chères à son cœur et à sa nature : sa prochaine lettre est datée de Sorrente. Elle se sent au paradis ; et qui a été dans ce merveilleux pays ne sympathiserait pas avec son enthousiasme ! Être transportée sur les hauteurs de Ravello et voir le magnifique panorama alentour, considérait-elle, dépassait toutes ses expériences les plus nobles précédentes. Ravello, avec sa magnifique cathédrale recouverte de mosaïques, est en effet un spectacle à voir ; la route d' Amalfi, les usines de papier en ruine dans le ravin, le pittoresque pittoresque, tout cela est « bien exprimé et compris ». Mme Shelley semble avoir considéré juin (1844) comme le temps idéal pour Naples.

CHAPITRE XVII.

DERNIÈRES ANNÉES.

Cette dernière œuvre littéraire de Mme Shelley, dont elle-même parle avec mépris comme une mauvaise interprétation, a été remarquée au moment de sa publication comme un écrit intéressant et véridique par une autorité en la matière. Le caractère très modeste et réservé de Mme Shelley lui donnait peu de confiance en elle-même, et elle semble avoir rencontré diverses remarques décourageantes de la part de connaissances ; elle se demandait ensuite qu'elle n'était pas capable de se défendre et de réprimer l'impertinence. Ce dernier livre est décrit par Mary comme écrit pour aider une malheureuse dont Claire avait fait la connaissance à Paris alors qu'elle séjournait dans une certaine mesure dans cette ville avec Lady Sussex Lennox. Un titre a un prestige factice auprès de certaines personnes, et certainement dans ce cas, la connaissance qui semblait d'abord avantageuse à Marie s'est avérée bien au contraire, tant au point de vue de l'argent que de la tranquillité d'esprit ; mais, avant d'approfondir ce sujet, il faut expliquer que l'année 1844 lui apporta un avantage peut-être discutable.

Sir Timothy Shelley, qui souffrait depuis quelque temps et à qui Percy Shelley rendait visite de temps en temps à Field Place, étant devenu un favori du vieux gentleman, arrivait maintenant au bout de la vie : il avait quatre-vingt-dix ans. Sa mort en avril 1844 amena son petit-fils Percy Florence au rang de baronnet. La partie de la succession qui avait été affectée avant le réaménagement proposé par Sir Bysshe de l'ensemble de la propriété revenait désormais à Mme Shelley par testament de son mari. Le poète ayant refusé de participer à l'entail, la plus grande partie de la propriété ne lui aurait en aucun cas, comme nous l'avons dit plus haut, été dévolue à lui.

Une somme de 80 000 £ est mentionnée par les différents biographes de Shelley comme valeur probable de la succession mineure qui lui incombait, dont il avait le droit absolu de disposer. Cette succession, à la mort de Sir Timothy, s'est avérée grevée à hauteur de 50 000 £, que Mary a emprunté avec une hypothèque à 3 1/2 pour cent. Cette somme importante comprenait 13 000 £ dus à Lady Shelley pour « la somme dérisoire » que Mary avait reçue ; 4 500 £ à John Shelley pour une hypothèque que Shelley a signée pour payer ses dettes, probablement pour les 2 000 £ empruntés en quittant Marlow, lorsqu'il y a payé toutes ses dettes ; de sorte que si quelque bagatelle est restée impayée à cette occasion, ce doit être par négligence et par manque de relance, car il est sans aucun doute parti de là avec suffisamment d'argent, après avoir revendu sa maison pour 1 000 £. Une jointure devait être payée à Lady Shelley de 500 £ par an. Les différents legs encore dus en 1844 étaient de 6 000 £ à Ianthe, deux sommes de 6 000 £ chacune à Claire, 2 000 £ à

Hogg, 2 500 £ à Peacock. Ces diverses sommes s'élevant jusqu'à 40 000 £, les 10 000 £ restants peuvent facilement avoir été engloutis par d'autres post-nécrologies et frais juridiques. Deux sommes de 6 000 £ chacune, laissées à ses deux fils décédés, et 2 000 £ laissées à Lord Byron, étaient revenant à la succession. Le premier soin de Mme Shelley fut de réunir l'argent nécessaire et de payer toutes les obligations impayées. Sa principale préoccupation, au cours de ses luttes, avait toujours été de ne pas contracter de dettes ; sa pensée suivante fut de donner une pension annuelle de 50 £ à la veuve de son frère, et de 200 £ par an (réduit par la suite à 120 £) à Leigh Hunt. C'était sa manière de tirer un plaisir immédiat de son héritage. Par le testament de son mari, exécuté en 1817, tout, « que ce soit la possession, la réversion, le reste ou l'espérance », lui était laissé ; mais comme elle mentionnait toujours son fils, Sir Percy, comme agissant avec elle-même, et disait qu'en raison de l'état embarrassé de la succession, ils avaient l'intention de partager tout en commun pendant un certain temps, il est évident que Mary avait fait de l'intérêt de son fils son premier intérêt. devoir.

La succession avait rapporté 5 000 £ l'année précédente, et cela permettrait, en déduisant 1 750 £ d'intérêts hypothécaires et 500 £ de jointure de Lady Shelley, de réduire leurs revenus à un peu moins de 3 000 £ par an, comme l'a déclaré Mme Shelley. Field Place était loué au départ pour soixante livres par an, tant l'endroit était humide. Mme Shelley a continué avec son fils à vivre à Putney jusqu'en 1846. Ils avaient essayé Putney en 1839 et vers la fin de 1843, elle y prit une maison, le White Cottage, Lower Richmond Road, Putney. Mary le décrit ainsi : « Notre lit est au bord de la Tamise, sans vue sur elle, mais la porte du jardin s'ouvre sur le chemin de halage. Il a un joli petit jardin, mais malheureusement en désordre. Il est en mauvais état. meublé, et n'a pas de chambre libre, sauf par un grand artifice, voire pas du tout ; donc, forcément, l'économie sera à l'ordre du jour. Il est isolé mais joyeux, à l'extrême limite de Putney, près de Barnes Common ; situation souhaitée par Percy. Il a acheté un bateau.

Mme Shelley a emménagé dans cette maison peu de temps après la visite à Claire à Paris, évoquée au début de ce chapitre.

Sa vie à Londres, malgré quelques très bons amis, lui paraissait souvent solitaire ; car, comme elle le remarque elle-même, ceux qui produisent et donnent au monde une œuvre originale ont besoin du contact social de leurs semblables. Ainsi, attristée par l'abandon qu'elle éprouvait, elle essaya d'y remédier en sympathisant avec ceux qui étaient moins fortunés qu'elle ; mais c'est aussi une tâche parfois très difficile à accomplir seul au-delà d'un certain point.

Lors de ce séjour à Paris en 1843, elle eut le malheur de rencontrer, chez Lady Sussex Lennox, un aventurier italien du nom de Gatteschi. Ils avaient connu des personnes de ce nom autrefois à Florence, comme le note Claire dans le journal de 1820 ; et cela les a peut-être amenés à s'intéresser plus particulièrement à lui. Qu'il suffise de dire qu'il paraissait dans la plus grande détresse, et en même temps qu'il était considéré par Mary et Claire comme ayant l' *éclat* d'une « bonne naissance », et aussi comme ayant des talents qui, s'ils n'obtenaient qu'un bon prix. le hasard, pourrait l'élever à n'importe quel poste éminent. Ces idées durent quelque temps ; à une occasion, il a aidé Mme Shelley dans son travail littéraire, trouvant les passages historiques de *Rambles en Allemagne et en Italie* . Elle et Claire s'arrangeaient pour lui donner de petites sommes d'argent, d'une manière délicate, pour ne pas le blesser, car il mourrait de mortification. Il fut invité en Angleterre en 1844, dans l'idée de pouvoir obtenir une place de tuteur dans une famille, et il fit venir MSS. des siens, qui étaient hautement appréciés. Pendant son séjour en Angleterre, Gatteschi logea chez M. Knox, qui avait voyagé avec Mme Shelley et son fils, en tant qu'ami de ce dernier. M. Knox semble avoir été à cette époque en bons termes avec Gatteschi, même si Mme Shelley regrettait que son fils ne l'apprécie pas. Avec tout l'élan d'une nature généreuse, elle n'épargnait aucun effort pour venir en aide à l'Italien, et avait évidemment dû écrire parfois des lettres imprudentes et jaillissantes à cet objet de sa commisération. Lorsque Marie était pauvre, Gatteschi devait s'approcher de la gratitude sentimentale ; elle dit plus tard : « Il ne peut pas maintenant vouloir m'épouser, sinon il ne m'insulterait pas. En fait, il lui avait proposé de l'épouser lorsqu'elle avait eu de l'argent. Gatteschi a attendu son heure, il visait des sommes plus importantes. N'ayant pas réussi à les obtenir par des moyens équitables, la canaille a commencé à menacer de publier sa correspondance avec lui. En 1845, on le disait « avide d'argent » et, sachant que Mary avait cédé à des lettres véhémentes en d'autres occasions et qu'elle lui avait d'abord répondu imprudemment, au lieu de remettre immédiatement ses lettres entre des mains légales, le scélérat fit en sorte que chacun nouvelle lettre un outil pour atteindre son objectif. Il travailla ainsi sur sa nature sensible et sa peur du ridicule, surtout à une époque où elle souhaitait plus que jamais se sentir bien dans le monde et dans la société à laquelle elle estimait que son fils avait le droit d'appartenir, son fils qui n'avait jamais failli à sa tâche. son devoir, et qui, disait-elle, était totalement exempt de vices, même si parfois elle aurait souhaité qu'il ait plus d'amour pour la lecture et une application constante.

Il est facile de voir maintenant à quel point Mary Shelley était parfaitement innocente, bien que généreuse et chimérique ; mais on peut aussi discerner combien il aurait été difficile d'arrêter le flot de gaieté sociale et de calomnies si ce sujet avait été rendu public davantage. Marie, ne le sachant que trop bien, le déplorait amèrement et s'accusait de folie d'une manière qui pourrait encore tromper un penseur passager ; mais l'auteur a eu pour tâche agréable de rendre ce sujet parfaitement clair pour elle-même et pour quelques autres.

Il faut ajouter que les lettres en question, écrites par Mme Shelley à Gatteschi, ont été obtenues par une réquisition de la police française sous prétexte de motifs politiques : Gatteschi était connu pour être mêlé à une insurrection à Bologne. M. Knox, qui gérait cette affaire pour Mme Shelley, montra les talents d'un magistrat de police naissant.

Toute la correspondance de Mary avec Claire Clairmont est très cordiale. Marie faisait de son mieux pour l'aider de temps en temps, avec sa générosité habituelle, et lui donnait évidemment les meilleurs conseils en son pouvoir. On la voit regretter parfois la mauvaise santé de Claire, lui envoyer sa voiture alors qu'elle est dans Osnaburgh Street, etc. Elle l'a fortement exhortée à venir en Angleterre pour régler le placement de son argent, lui disant qu'elle ne pouvait pas interférer avec les 6 000 £, car Shelley l'avait laissé pour une rente qui ne pouvait être ni perdue ni cédée ; mais que les 6 000 £ restants, elle peut investir où elle veut. Un jour, Marie lui parle d'un bon investissement dont elle a entendu parler dans une loge d'opéra, mais qu'elle doit agir par elle-même, car c'est une affaire trop dangereuse pour donner des conseils.

En 1845, Mary Shelley se rendit à Brighton pour des raisons de santé, ses nerfs ayant été très ébranlés par l'anxiété qu'elle avait endurée. Pendant qu'elle était là-bas, elle a mentionné avoir vu M. et Mme John Shelley au théâtre, mais ils n'ont pas fait attention à elle. Lorsque Mme Shelley s'était rendue à Field Place après la mort de Sir Timothy, Lady Shelley avait exprimé à un ami qu'elle était très contente d'elle et avait dit qu'elle aurait aimé la connaître plus tôt : Mary, en entendant cela, s'était exclamée : « Alors pourquoi diable n'a-t-elle pas n'est-ce pas ? En 1846, ils quittèrent Putney pour s'installer à Chester Square et, pendant l'été, Mary se rendit à Baden pour des raisons de santé. De là encore, elle écrivit combien elle était heureuse d'être loin des mortifications de Londres et qu'elle détestait Chester Square. Sa santé à partir de cette époque nécessitait des changements fréquents. En 1847, elle déménage à Field Place ; elle le trouva humide, mais les visites à Brighton et ailleurs l'aidèrent à maintenir sa santé qui se détériorait progressivement. L'année suivante, elle eut la satisfaction de voir son fils marié à une dame (Mme St. John) qui lui plaisait en tous points. Une lettre reçue par Mme Shelley de sa belle-fille lors de sa tournée de mariage, et jointe à Claire, montre comment elle souhaitait que cette dernière participe à la joie qu'elle ressentait lors du mariage heureux de son fils. Marie avait maintenant non seulement un fils à aimer, mais une fille à prendre soin d'elle, et ce devoir agréable ne fut pas accompli sans le vouloir, car la dame parle encore aujourd'hui d'elle avec émotion.

De cette époque, il y a peu de choses à enregistrer. On retrouve Mary en 1849 invitant Willie Clairmont, le neveu de Claire, à la voir à Field Place, où elle vivait avec son fils et sa femme. La même année, ils dissuadèrent plutôt Claire, alors à Maidstone, d'un projet un peu fou qu'elle entretenait, celui d'aller en Californie. Le terrain de dissuasion était encore plus sauvage que le projet, car on venait de dire que l'or espéré s'était révélé n'être que du sulfate de fer. La maison de Chester Square avait été abandonnée en 1848, et une autre fut prise au 77, Warwick Square, avant le mariage de Sir Percy, et de là, à la fin de cette année-là, Mary parle d'une amélioration de sa santé, mais il y avait encore une tendance aux rhumatismes névralgiques. La tension nerveuse de toute une vie s'est relâchée pendant un certain temps, mais sans aucun doute la tension était trop forte et les soins affectueux ne pouvaient pas prévaloir au-delà d'un certain point. L'année suivante, le fils et sa femme emmenèrent Mary, affamée, à Nice pour sa santé, et un court répit fut accordé ; mais la pression ne pouvait plus durer longtemps. Le cerveau fort et le cœur tendre, bien que trop passionné, s'effondrèrent le 21 février 1851, et il ne resta plus qu'un souvenir précieux de la fille et de la mère dévouées et de la fidèle épouse de Shelley.

www.ingramcontent.com/pod-product-compliance
Lightning Source LLC
LaVergne TN
LVHW051536170726
843492LV00006B/1798